凭什么教好语文

王君语文教学35讲

王君 著

湖南人民出版社 · 长沙

目录

第一部分

关于文本解读

如何训练文本解读能力？

问：文本解读是语文教师的第一基本功，方法技巧也洋洋大观。我想锻炼这方面的能力，首先该从哪里入手呢？

我的思考：任何文本都是由一个一个的词语构成的。关注词语，沉入词语，培养自己对词语的敏感是第一要着。在词语里出生入死，这是文本解读的关键手法。我对《背影》和《丑小鸭》的解读，用的都是这个办法。希望能够给你以启示。

生之苦痛与爱之艰难

——《背影》再读

读《背影》，亦可用关键词分析法。

第一个关键词：冬天

朱自清本人曾解释：《背影》只是写实。既是"写实"，不妨就用现实主义的眼光来读。

第一段点题之后，作者劈头写来：那年冬天。当时季节确实是冬：父亲的穿着是"黑布小帽"、"黑布大马褂"和"深青布棉袍"，给我做的是"紫毛大衣"。但奇怪的是，朱自清作为环境描写的高手，却在《背影》中对自然气候的寒冷阴湿不着一字。虽然如此，但作为一个成熟的读者，读完全篇，内心却有寒冷之感——哪怕这是一篇写温暖的爱的文章。

这"冷"来自何处呢？

首先是家道中落之冷。祖母死，父亲失业。经商亏空需"变卖典质"才能偿还，丧事需"借钱"才能操办。"祸不单行"以至于"惨淡"到"满院狼藉"。这个曾经还算殷实的家庭，已经"忽喇喇似大厦倾"，外在的面子和内在的骨子都支撑不起来了。

文字中有两个细节需要注意：一是祖母之"死"。作者用的是"死"，而非"去世"或者"逝世""登仙""驾鹤归去"等雅词。一"死"而"明志"，读者自然能够感受得到当时作者心态的"狼藉"。这和后文的"簌簌地流下眼泪"是相呼应的。从全文看，当时年已二十的朱自清是倾向于克制感情的，但此时却是泪水"簌簌"，其情之痛、其怀之哀可见一斑。这是自然之冬天，更是人生之冬天啊！

最具"冬"之萧索色彩的文字是末段。《背影》开篇，父亲虽然镇定地劝我：事已如此，不必难过，好在天无绝人之路。但是，真的"天无绝人之路"吗？结尾作者如此写："近几年来，父亲和我都是东奔西走，家中光景是一日不如一日。"这是很内敛的文字。但如果我们为这句子加上一组关联词，其情味就全部凸显了。比如：近几年来，虽然父亲和我都是东奔西走，但是家中光景还是一日不如一日。父亲曾经少年谋生，独立自持，做了许多大事，从中可以看出父亲绝非庸碌之辈。而"我"呢，北京大学毕业，受过中国最好的教育。但何至于均"东奔西走"之后，家境还是"一日不如一日"了呢？我一直有个观点，如果民众靠智慧和诚实艰辛的劳动都换不来幸福美满生活的话，那可能就不是个人问题，而是社会问题了。

而《背影》所处的时代恰恰是军阀混战、社会转型的尴尬期，社会经济惨淡，知识分子穷途末路不过是正常现象。所以，"那年冬天"不仅是指季节，还是一个时代的气候标签。由于身处乱世，父子无言的相惜相爱才成了寒冷季节里一抹淡淡的暖色。但可惜的是，这暖色的力量太微薄了。它在季节之冬、社会之冬、生命之冬、事业之冬的坚冰下挣扎，就像那堆橘子的"朱红"，在文字间闪闪烁烁地跳动，是全文唯一的温暖亮色。但是，它微弱得缺乏改变的力量，更不用谈拯救。所以，我们读《背影》，明知写的是深沉的父爱，但读完还是觉得"冷"。而且年龄越大，越是如此；经历越丰，越是如此。也因为这样的阅读感受，我很难接受把《背影》当作一般的"父爱"文章来教。我总怀疑，那些在课堂上声泪俱下讲述自己家庭父慈母爱的故事的孩子，他们感动的其实不过是自己的经历，而非《背影》。我认为，《背影》之动人，"爱"只是一方面，至于其直指人心之处，还在"爱"之外。

第二个关键词：迂

"我"因为年轻不谙世事，心里暗笑父亲的"迂"——"迂"是朱自清对父亲的评价。细读全文，结合"迂"之本义和引申义，父亲的形象确实脱不了一个"迂"字，基本可以归纳为：言行之迂腐、行动之迂缓、情感之迂折。

先看言行之迂腐。

上课时，学生曾经和我争论过《背影》是否惜墨如金的问题。他们觉得第四自然段第一句"到南京时，有朋友约去游逛，勾留了一日；第二日上午便须渡江到浦口，下午上车北去"乃是闲笔，可以不要。我说万万不可，验证方法是句不离段，你再结合下句读读。下句是"父亲因为事忙，本已说定不送我"。父亲"忙""何事"？前文已经有交代：要到南京谋事。父亲"忙"的此事非同小可，关系着家庭生计和男人事业。全家的一张张嘴巴等着要吃饭，子女们等着要学费，更难堪的是借贷等着要偿还啊——父亲"忙"的不异于身家性命之事！而"我"呢？"闲逛""勾留"以至于行程紧张。这似乎只是"交代行踪"的闲笔，但静静品味却是极为要紧的一笔。"我"虽然前面也簌簌流泪，但毕竟还是"学生"，没有承担家庭重担，还轮不到"我"考虑生计。而一个男子，如无生计劳心之煎熬，是无论如何都难以体会生存之艰难和父辈之苦心的。更何况，从此句可看出"我"已有自己的社交圈子和社交活动。这个年龄，一般是不喜欢父辈过度参与自己的生活的。这一笔，通过写"我"的"闲"反衬出了父亲的"忙"——父亲有一万个理由名正言顺地不去送"我"，而且"我"也并非不能理解，甚至正合"我"意。这句和后面写"其实我那年已经二十岁，北京已经来往过两三次，是没有什么要紧的了"相互呼应。"没有什么要紧"暗藏着一个大男孩的数落和埋怨："我"已成年，"我"是北大学生，"我"对路熟，父亲总把"我"当成孩子，烦不烦呀……总之，桩桩件件事都摆明一点：父亲完全可以不送，起码也是可送可不送。"不送"更深得儿子之心。但感人之处就在这里，历经了三番五次的"再三"和"踌躇"之后，父亲"终于"还是决定送"我"。可不送却非要送，父亲自然就"迂"了。

其后的事，父亲更是时时处处都"迂"的。说实话，在那样的悲痛和忙乱中，有这样大的一个受着高等教育的儿子在旁边，行李于父亲，可看可不看；价钱于父亲，可讲可不讲；座位于父亲，可拣可不拣；叮嘱于父亲，可说可不说……橘子更是可买可不买，即使非要买，父亲也可去可不去，月台更是可爬可不爬。父亲为"我"做的一切，如果从实用的、理性的角度来分析，都是自己没事找事。而且这些事儿，还是在家境如江河日下、一生事业如春水东流，以至于心力交瘁的情况下"找"的。没有深切之爱，何来如此"迂"行？在这里，"爱"即是"迂"，"迂"即是"爱"。父亲"爱"之艰难便体现在这些纠结中了。

再看行动之迂缓。

从标准的审美来看，父亲这个形象是不合时宜的，不潇洒的，甚至是"丑"的。首先，父亲全无成功男性的气度和风度。他臃肿肥胖，走路"蹒跚"，爬个月台也须拼尽全力，显出了最笨拙的一面。其次，父亲的穿着和行为不协调。他的马褂棉袍相当于现在知识分子在正式场合穿的"正装"。着正装该有正装的言行举止，但父亲似乎全然不顾。这穿着正装爬月台的父亲该有多么落魄狼狈，以至于烦厌父亲啰唆的朱自清也不禁潸然泪下。父亲买橘子的这个"背影"，身份模糊，龙钟老态，背负着无限的沧桑，是老年男人命运不济一败涂地的集中写照。

最后看情感之迁折。

父爱少言，沉默如山。《背影》中的父亲也是如此。但如果仅仅只有沉默，那就不足为奇了。《背影》之奇，在于写出了父亲情感的千回百折，父子之间的欲说还休。

这欲说还休集中体现在激起我写作《背影》的家书上。

我身体平安，唯膀子疼痛厉害，举箸提笔，诸多不便，大约大去之期不远矣。

这封家书的语言表达可谓处处矛盾：既然"身体平安"，何来"膀子疼痛"？只是"举箸提笔"之不便，又何来"大去之期"？既然三十余字层层铺垫只为了告知儿子自己身体不好、希望见到儿子，又为何不用感叹号而用一个句号淡淡收尾？事实是，作者父亲离世是近二十年之后的事了，又何来"不远矣"？父亲似乎既是夸大其词，又在闪烁其辞。如果再结合文章烦琐的开头："我与父亲不相见已二年余了。"为何是"不相见"，而不用惯常的"分别""离别"等更简洁的词语呢？这些反常之处无不表露出父亲的矛盾心理，揭示出父子之间的多年隔阂。

《背影》的背后，是传统守旧的父亲与接受新思想的儿子之间旷日持久的战争。君为臣纲，父为子纲，这是中国传统伦理。掌握着家庭的管理权、教育权的父亲和血气方刚的儿子往往生而对峙，天生是"敌人"。"父""子"之间的抗争往往要等到"子"亦成"父"之后才能消解。父亲迂回曲折的表达已是一种求和。而当时朱自清也不再是学生，已为人父，渐历风霜，自然读懂了父亲信中的"低头"，还有那点儿努力在保全但已无法保全的"自尊"。我想，当时拥堵在朱自清心中激发他提笔的，不仅有父亲对他的诸多好处，还有父亲在身体、精神、情怀均已极度衰疲的情形下暴露出的暮年之气和悲凉之感吧。

总之，"迂"之一字，从内到外，写尽了一个在生命的战场上一败涂地的父亲形象。

平日里，我们说男性之美，常常用形象之伟岸、精神之刚毅、风度之儒雅、情怀之博大、行为之果断、语言之利落等来形容。但是，这些都和《背影》中的父亲形象不沾边。但这恰恰是《背影》的魅力所在。父亲的形象当然是"美"的，但这种"美"，其实是通过"审丑"得来的。它不是传统的"男性"之美，而是独特的"父性"之美。父性美的内涵远远厚重于男性美，它来自生命的锤炼和生活的积淀。它甚至以抛弃男性美作为成熟的标志。父性美常常和坎坷曲折结盟，它不断证明着一个惨痛的真理：爱，不仅仅是关心、体贴、融合、奉献、温情、蜜意；爱，还是矛盾、斗争、忍耐、等待、求和……朱自清《背影》之出色，就在于表现出了磨难中挣扎着生长的父性之美：身处乱世的凄惶，家道中落的伤感，母亲离世的悲凉，事业衰颓的辛酸，父子生隙的隐痛，送子远行的牵挂，无涯代沟的尴尬，年事渐高的颓唐，死期将至的惶恐……所有的一切，父亲都背负在羸弱的肩上。于是，一个时代的风雨飘摇，一个家庭的凋零没落，一对父子的情感战争，一个男人的事业败退，等等，都成了《背影》的解读符号。

第三个关键词：泪

分析《背影》一般都不会遗漏朱自清的四次流泪，但偏向于强调"泪"中的忏悔、思念等。这样的思维路径还是把《背影》定位为一篇纯粹写父爱的文章。其实，这很不够。

作者的泪，仅仅是为"爱"而流吗？显然不是的。

第一次流泪，直接原因是"想起祖母"。祖母是一个象征，代表着曾经亲近的鲜活生命的溘然长逝。而作者，算是亲历了这个"逝去"的全过程。这是刻骨铭心的生命体验。

第二次流泪，是直接被父亲买橘子的衰老背影所触动。这里也是一个符号，是一个健康的生命失去健康，一副有力的肩膀不再有力，一个强健的背影不再强健……"衰老"是生命唯一的归宿。作者的泪，是因为亲睹了更亲近的人的生命由强而衰的全过程。与其说此时朱自清从背影中读懂了父爱，还不如说他读懂了承载爱的原来不过是生命的悲凉和衰颓。这是一种生命的无助感。

第三次流泪，是因为父亲的"背影混入来来往往的人里"了。这是活着的告别。人群依旧"来来往往"，亲人"混入"而不可寻。未死而别引发心痛，触动心怀的乃是生命的虚无感和情怀的孤独感。双方心中都有爱，却无力倾诉，无法交流。正面相对时交锋的永远是矛盾，爱意深浓时却彼此背过身去。天人未曾相隔，但心路蜿蜒漫长，相惜相爱之人注定死守心灵的秘密永不对彼此开放。于是，"距离"成为永恒，

"告别"凝为主题。如果从这个角度去理解开篇作者为何用了"不相见"而不用更精练的"分别"一词，疑问就豁然了。这"不相见"，实含有千万苦衷：不能相见、不愿相见、不必相见、不忍相见、不敢相见……也只有洞悉了这一点，才能明白文章的结尾"我不知何时再能与他相见"。许多孩子问："不是想见就可以见的吗？何来如此说法呢？"他们不明白，最重要的不是时空的距离，而是心灵的距离啊！这"不相见"写尽了人生孤独感的必然性啊！

作者最后一次的泪水又为"死亡"而流。父亲一句"大去之期不远矣"攻开了作者心灵的闸坝。我相信这并非父亲为了感动儿子的矫饰之词。这于父亲，乃是"风刀霜剑严相逼"之后的自我放逐。这于儿子，更是稍经世事之后的心灵共鸣。人生实苦，"大去"的不仅仅是生命本身，更是生之激情啊！

这些泪水，其实都是生命的感悟。它们贯穿全篇，悄悄编织起了《背影》的另外一条情感脉络。这也许是朱自清先生自己也未意识到的。但从心理学的角度来说，无意识往往是最真实的，也是最接近本质的。以祖母老年生命的结束为开端，以另外一个生命宣布自己即将结束为结尾。这其中，是不是有一种隐喻:《背影》是由一声一声的生命哀叹组成的，由一粒又一粒的生命泪珠串成的。它传递着生命的告别，告诉我们生命走向衰颓和灭亡是一个必然。生命，留给我们的永远是背影……

于是，《背影》就不仅仅是爱的故事了。它是回旋着生之苦痛的哲学。而爱之苦痛，仅仅是其中的一章罢了。《背影》讲述的是生命的冬天的故事，虽然晦暗些，阴沉些，但是，谁能说它不真实且深刻呢？《背影》的成功，就在于直面了这样的晦暗和阴沉。无数的成熟的读者，反而正是在这样的"审丑"中获取了文学的快感。因为，生之苦痛和爱之艰难是生命的常态。

苦弱个体的艰难抗争

——《丑小鸭》① 再读

请允许我用关键词分析法来重温经典名篇《丑小鸭》。

第一个关键词：世界

读文要知人论世，读《丑小鸭》也当"知鸭论世"。故事一开始，刚刚出生的小鸭子们第一句人生感叹就是"这个世界真够大"，而鸭妈妈教训他们说："你们以为这就是整个世界！"鸭妈妈的世界"伸展到花园的另一边，一直伸展到牧师的田里去"，连鸭妈妈"自己都没有去过"。

但是，"这个世界"到底怎么样呢？

这个世界的两个家族以"争夺一个鳝鱼头"为目标。这个世界最有地位的母鸭子只不过是因为她有"西班牙的血统"，还有她的腿上系着"一块红布条"。她甚至有权力要求别人把辛苦找到的鳝鱼头奉献给她。这个世界的鸭群叫嚣因为丑小鸭长得和别人不一样，所以就该挨打。以"生蛋""咪咪地叫""拱起背""迸出火花"哄主人

---

① 选自《安徒生童话精选》（译林出版社 2017 年版），叶君健译。

高兴为天大的本事儿的猫儿和母鸡一开口就说"我们和这世界"，因为"他们以为他们就是半个世界，而且还是最好的那一半呢"。"这个世界"连父母兄弟都容不下给他们带来麻烦的亲人。

你看，鸭妈妈津津乐道的这个世界其实很狭隘、很荒诞、很冷酷，里面不过住着一些鼠目寸光的井底之蛙。"这个世界"绝不是一个公民社会、法制社会，更不是一个有着高尚追求的社会。

丑小鸭的故事就发生在"这个世界"中。

第二个关键词：丑

故事中最让人揪心之处不在于人人都说丑小鸭丑，而在于连丑小鸭自己都认定自己丑。他甚至觉得自己"丑得连猎狗也不要咬我了"。

这真是令人痛心。按照一般的规律，美丑永远是相对的。人类感觉臭的东西，如粪便之类，在一些动物看来却是香喷喷的美餐。还有一个有趣的寓言。一头公驴嘲笑人类说：你们的西施有什么美，在我看来简直奇丑无比。她的耳朵那样短小，她的嘴巴平平的，脑袋圆圆的，像个鸭蛋，身上连毛也没长，没有尾巴，实在是难看。我们的驴姑娘那才真正是美丽的象征，她有优美华丽的皮毛，圆润的歌喉，优美的四肢，奔跑起来婀娜多姿，一瞥见她的倩影，我就心跳加速。

同样的道理，一只不谙世事的小鸭子不可能判定自己丑。就是安徒生，也并没有用具体的文字来描述小鸭子丑的外形，他只是详细地描绘了包括鸭妈妈在内的周围人的评价。比如：

鸭妈妈把他瞧了一眼。"这个小鸭子大得怕人，"她说，"别的没有一个像他；但是他一点也不像小吐绶鸡！"

别的鸭子站在旁边看着，同时用相当大的声音说：

"……呸！瞧那只小鸭的一副丑相！我们真看不惯！"

"对，不过他长得太大、太特别了，"啄过他的那只鸭子说，"因此他必须挨打！"

"他真是又粗又大！"大家都说。

"那个母鸭的孩子都很漂亮，"腿上有一条红布的那个母鸭说，"他们都很漂亮，只有一只是例外。这真是可惜。我希望能把他再孵一次。"

首先可以确定，"丑"是周围环境对可怜的小鸭的强行灌输。其次，小鸭的丑乃是因为他"太大"。究其本质，小鸭的"丑"是因为他跟其他鸭子都不一样。这才是最要命的问题。

个体和群体不一样，这在一个不健康的社会中是非常可怕的。

老子在《道德经》中就告诫大家如何做到和群体一样以自保。他说"挫其锐，解其纷；和其光，同其尘，是谓玄同"，这样不露锋芒，消解纷争，个体和集体一样了，就是"大道"了。

老子的话是意味深长的。他深刻地意识到了在集权社会中个性独立的尴尬处境。消解这尴尬的唯一途径就是自觉地让自己改变并向群体靠拢。如果不这样，你不仅得不到集体的认同，而且，这集体还会让你产生自我罪错感，让你自觉地反躬自问。很明显，丑小鸭就处在这样的尴尬处境中。他该怎么办？

那只有着西班牙血统的最高贵的母鸭子向丑小鸭的妈妈建议"我希望能把他再孵一次"。

这真是世界上最荒唐的建议。但是，我们从这种思路中可以窥见社会群体对个体的要求。综观我们周围，大多数性格独立的个体不是都被自觉或者不自觉地重"孵"了一遍吗？"楚王好细腰，宫中多饿死"，自觉地以上层社会的审美观念为自我的审美追求，不知有多少人在追逐时尚中失掉了自我。就连《西游记》中那个最具有独立意识，连五指山和炼丹炉也奈何不得，从不惧和天庭抗争来保持自我的美猴王，最后不也是在阴险的"紧箍咒"的钳制下走上漫漫取经路？天界又多了一尊"斗战胜佛"的同时，世界上则少了唯一的"美猴王"。其实，孙悟空就是一个典型的被成功"重孵"了一遍的个体。集天地之灵气的孙猴子尚且奈何不了"集体"的力量，更何况常人？

鸭子王的理念是"重孵"，那丑小鸭的妈妈给儿子寻找的出路又何在呢？安徒生这样描绘：

"那可不能，太太，"鸭妈妈回答说，"他不好看，但是他的脾气非常好。他游起水来也不比别人差——我还可以说，他游得比别人好呢。我想他会慢慢长得漂亮的，或者到适当的时候，他也可能缩小一点。他在蛋里躺得太久了，因此他的模样有点不太自然。"

还会有母亲希望自己的孩子越长越小的吗？这真是荒谬。荒谬背后的潜台词不过是：往小里长，最后就和哥哥姐姐们一模一样了，个体和群体一样了，麻烦就解决了。

消解个性，趋向大众，这几乎是小人物明哲保身的最佳路径。

丑小鸭也完全可以听从母亲的教诲开始改变自己。他可以主动减肥甚至绝食，甚至削足适履来强行让自己和哥哥姐姐们一样。他可以选择忍辱偷生，在唾骂他、嫌弃他的鸭群中苟活下来。

但是，他选择了另外一条路：逃亡。

余秋雨曾这样说：除了少数逃罪人员和受骗人员，正常意义上的远行者总是人世间比较优秀的群落。他们如果没有特别健康的情志和体魄，何以脱离早已调适了的生命温室去领受漫长而陌生的时空折磨。天天都可能遭遇意外，时时都需要面对未知，许多难题超越精神贮备，大量考验关乎生死安危，如果没有一个比较健全的人格，只能半途而返。

选择逃，就是选择冒险，选择孤注一掷。

第三个关键词：逃

丑小鸭的故事就是一个不断逃跑的故事。

安徒生把丑小鸭的"逃"和"跑"写得惊心动魄。比如：

他等了好几个钟头，才敢向四周望一眼，于是他急忙跑出这块沼泽地，拼命地跑，向田野上跑，向牧场上跑。这时吹起一阵狂风，他跑起来非常困难。

逃亡太艰难，就连安徒生自己也不忍再写，他在这个地方留下了让读者可以尽情想象体验的空白。他说：

要是只讲他在这严冬所受到困苦和灾难，那么这个故事也就太悲惨了……

我们分析丑小鸭的"逃"，可以从以下几个角度来层层深入：

一、他可以不逃，可以选择苟活。

二、在逃亡过程当中他受到安全和温饱的诱惑。他完全有机会放弃逃跑，在老太婆的家中留下来，即使学不会"生蛋""咪咪地叫""拱起背""迸出火花"，但也可能锻炼出另外的讨好主人的法子。

三、他的逃之可贵在于没有明确的目标。他想离开老太婆的温暖的茅屋，但是母鸡毫不留情地诅咒他"你简直是在发疯"。这样的讥讽咒骂是意味深长的。但是安徒生这样描写要"发疯"的丑小鸭的心理活动：

小鸭坐在一个墙角里，心情非常不好。这时他想起了新鲜空气和太阳光。他觉得有一种奇怪的渴望：他想到水里去游泳。

"我想我还是走到广大的世界上去好，"小鸭说。

这真是小说中最感人至深的文笔之一！它展示了安徒生对生活深度通透的认知。我后来和学生探讨安徒生的丑小鸭、米切尔的犟龟、严文井的小溪流等因为执着而成就自我的童话形象的高下，孩子们都普遍认为最感人的形象是丑小鸭。为什么呢？犟龟的目标是参加狮王二十八世的婚礼，这个目标清清楚楚，所以犟龟的行动纲领也清清楚楚，那就是排除万难实现这个目标，天崩地裂也不改变。小溪流也一样，他的目标就是向前、再向前，壮大自己、再壮大自己。比起他们，丑小鸭就惨得多，他不仅不知道自己未来将是高贵的白天鹅，而且根本不知道自己的目标在哪里。他只是靠着一种生命的本能在不断逃亡。目标的不确定甚至无目标让丑小鸭的逃亡之路充满了隐喻。而这点，和我们普通人的生命处境多么相似啊！并无明确的辉煌前景做出保证的行走，靠的是外在环境的推动和不断地释放自己生命的本能。我们从丑小鸭的形象中照见了真实的自我。

第四个关键词：好

近两年对《丑小鸭》的创新解读一直纠结在一个问题上：丑小鸭本来就是一只天鹅，他不需要任何奋斗就能长成天鹅。这是由他的遗传基因决定的，而不是由他的自身努力决定的。所以，《丑小鸭》的故事没有什么意义。

我认为，这个问题其实是一个伪问题。生物学意义上的白天鹅和文学意义上的"白天鹅"有天壤之别。如果我们读读林清玄的散文《心里的天鹅》等一类文章，就会看到天鹅蛋其实就算不生在鸭群中，也完全可能成为"鸭子"。要异化高贵的个体，自然界和人类都有太多直接或者间接的方法。安徒生童话的价值，乃是让我们在文学意义上去审视个体生命艰难的自我成就。如果纠结于天鹅之形，童话就意义全失。

当丑小鸭终于变为白天鹅后，文本中有一句非常关键的话：

一颗好的心是永远不会骄傲的。

丑小鸭的"好"的心绝不仅仅体现在谦逊上。通过他的多次选择，我们可以窥见其"好"的丰富内涵。

第一次选择，可以算作生命和尊严的选择。丑小鸭选择了尊严，于是他就选择了逃亡之路。第二次选择，乃是生命和美的选择，这一次选择更为残酷。安徒生也把最为重要的生命密码埋在了这一次选择中。

这一次选择早由一个时刻铺垫好了——那是丑小鸭生命中最重要的时刻。

丑小鸭生命中最重要的时刻和生命中最辉煌的时刻并不是同一时刻。"最重要的时刻"乃是指生命开悟的时刻，是为辉煌时刻奠定了基础的时刻。长期处于颠沛流离状态、尝尽了人生冷暖的丑小鸭，生命中最关键的时刻乃是看到了一群美丽的大鸟的时刻。在这一时刻，丑小鸭并不知道大鸟们的美丽形象就是自己未来的形象，大鸟们自由高飞的生命状态就是自己未来的状态。这一时刻的意义在于，它给逆境中的丑小鸭展示了生命走向高贵、幸福、自由的可能性。对丑小鸭而言，这无疑是上天对他的点化。于是，他复苏了，觉醒了，开悟了。这一时刻直接影响了丑小鸭的第二次人生选择：在美和生命之间的选择。

且看原文：

"我要飞向他们，飞向这些高贵的鸟儿！可是他们会把我弄死的，因为我是这样丑，居然敢接近他们。不过这没有什么关系！被他们杀死，要比被鸭子咬、被鸡群啄，被看管养鸡场的那个女佣人踢和在冬天受苦好得多！"于是他飞到水里，向这些美丽的天鹅游去：这些动物看到他，马上就竖起羽毛向他游来。"请你们弄死我吧！"这只可怜的动物说。他把头低低地垂到水上，只等待着死。但是他在这清澈的水上看到了什么呢？他看到了自己的倒影。但那不再是一只粗笨的、深灰色的、又丑又令人讨厌的鸭子，而已经是——一只天鹅了！

对于普通人而言，生命和美之间不存在选择。因为生命的价值大于一切。但是，丑小鸭恰恰相反，在美和生命之间他毅然选择了"美"。在蜕变为白天鹅的最后时刻，他做出了抛弃生命的选择。但也因为这毅然决然的抛弃，走向生命巅峰的丑小鸭获得了重生，成了真正的生命勇士。或者说，这个艺术形象在这一瞬间成了图腾。我想，这就是安徒生埋在童话中的最重要的一个生命密码：置之死地而后生。

在人类历史上，在美和生命之间毅然选择了美的伟大人物数不胜数。从西方的苏格拉底到东方的屈原，从男性的谭嗣同到女性的秋瑾。人类有追求高贵的天性，而这天性被不与世俗同流的独特个体诠释得淋漓尽致。他们很多人为之献出了生命，但其生命意义却超越了生命本身。

安徒生多么仁慈而智慧。他让丑小鸭在生命之花倾情绽放之前拥有了舍弃生命的勇气。这个从来就特立独行的伟大作家是不是想告诉读者：把美作为生命的终极追求反而可以成全生命本身。安徒生多么浪漫又多么决绝。

《丑小鸭》其实更是一个成人童话，它和每一个生命对话：

我们每一个人都天生是白天鹅

因为我们注定生来就与众不同

但我们生活在一个不允许不同的世界

周围的人都说：不同是有罪的

我们是妥协承受 还是

逃离远行 保持自我

这好比生存和死亡

永远是一个选择

美 其实就是去寻找自己

去唤醒自己

去成就自己

去做自己

没有人可以剪掉我们的翅膀 除了

我们自己

是的，我们天生都是白天鹅，我们又天生都是丑小鸭。细细观察，"丑"这个汉字真是充满魅惑：它只比"王"字多一笔。我们是不是可以这样想象：那一笔就是丑小鸭的逃亡之路。小鸭子逃啊逃啊，坚决逃离群体对他的同化，逃向他生命本能中的精神桃花源。他靠什么逃？靠的就是一颗"好"的心。这颗心视生命的尊严和生命的美高于一切，这颗心执着、善良、谦卑。于是，逃亡的过程成了不断寻觅和成就自我的过程。个体生命因而得以走向自身的完满。

于是，"丑"就成了"王"。

如何让文本解读推陈出新？

问：我希望能够在文本解读中出新，除了沉入词语，您还能推荐一些特别有效的方法吗？

我的建议：其他的方法事实上都是为沉入词语服务的。首先，要"仰望星空"，就是说我们要有一种语文教学的系统思维，要有从整体上俯瞰一个单元、多个单元、一本教材甚至多本教材的意识和能力。其次，要更加脚踏实地，除了关注重点实词，还需要高度关注文本中的虚词和标点符号。一花一世界，一叶一菩提。文本是一个鲜活的生命，有了对这个生命的整体观照和细节研究，你就更有可能读出更多新的东西来。

刍议语文新课程中的教材整合

整合，指调整后重新组合。

没有哪门学科比语文更为迫切地要求教师具有整合的能力。

语文教学的理论是最精深也是最纷繁的，不经整合的后果是被理论的五光十色诱惑以至于迷失自我；语文教学方法是最灵活也是最多变的，不经整合的后果是沦为教艺的奴隶；语文知识是范围最广、体系最混乱的，不经整合的后果是被知识的狂潮淹没，甚而在人文性和工具性之争中做了墙头草；语文教学资源是最丰富也是最芜杂的，不经整合的后果是令学生坐井观天，或者使学生的学习偏离语文的轨道；语文教材是最厚重也是最零散的，不经整合的后果是永远无法给学生奉献规律性、科学性的语文熏陶。

而在这所有"整合能力"之中，我认为最现实、最紧要的是教师对教材的整合能力。

在语文教学中，教材的作用从某种意义上来说是不可替代的，因为它为零散的语文学习提供了一个相对系统的教学依据，对教师的教和学生的学具有强有力的指导作用。这是教材的确定性。但是教材的不确定性更决定了教师绝不能匍匐在教材面前。教师在使用教材时不能也无法照本宣科，教师具有整合教材的义务和责任。教材提供的是一个范本、一个思路和一种参考，或者说，由于语文教学的特殊性，教材只能作为教学的起点和跳板来使用。教什么，是由课程目标规定了的。但怎么教，却是无法限定的。一个有创造性的教师，必然是积极主动地面对教材，在不脱离语文学习目标的前提下，结合当前的社会实际并根据学生的现实需要，对教材内容进行取舍和改造，从而充分展示教师的个性和教学的个性。

对教材的整合，从具体操作上来看，一是教师可以根据需要对教科书进行取舍，对精读和略读进行重新安排；二是教师可以更科学合理地规划教材学习的顺序，使教材的使用有更加鲜明的层次性和实用性；三是教师可以以教材为跳板，根据不同地域的学生的需要和现实学习的不同需求，把教科书以外的材料引入语文教学。

试结合自己的教学实践，从三个方面说明"整合教材"的意义。

一、整合，为教师创造性地解析教材打下基础

经过整合之后，教师对教材往往会有更精辟独到的分析。

1. 在单元之内进行整合

方法是宏观上审视同一单元的所有课文，分析它们的相同点和不同点，透视单元内蕴提取单元精粹，反思单元误区，从而形成自己对教材的个性化分析。

比如人教版初中语文[①]八年级上册第六单元共有五篇课文，分别是《三峡》、《短文两篇》(含《答谢中书书》和《记承天寺夜游》)、《湖心亭看雪》、《诗四首》(含《归园田居》《使至塞上》《渡荆门送别》《游山西村》)、《观潮》。传统的教材分析是逐篇突破，但是，当我从

---

① 即人民教育出版社出版的《义务教育课程标准实验教科书·语文》(7-9年级)。后同。

整合的角度来俯瞰这个单元时，我惊喜地发现——不知是"有心栽花"还是"无心插柳"——这一单元竟然汇聚了丰富多彩的美的形态。

《使至塞上》《渡荆门送别》《三峡》表现出苍凉之美与雄浑之美。《答谢中书书》和《记承天寺夜游》可以让我们比较宁静之美与绚烂之美。《记承天寺夜游》和《三峡》则展现了空灵之美与生气之美。《观潮》和《归园田居》则分别凸显了激情之美与闲淡之美，而对比《游山西村》和其他诗文可以让我们感到自然之美与人情之美各有意趣。

因为有了这样的宏观透视，我另辟蹊径，写出了《一次美的巡礼——第六单元解读札记》，为能给学生呈现更为鲜活生动的教学内容打下了基础。

2. 在单元与单元之间进行整合。

在人教版初中语文七年级上册的起始教学中，我整合了第一、二单元的所有课文，为这两个单元确定了一个共同的主题，并进行了有价值的分类。比如：

两个单元的共同主题：热爱生命

生命意识：《生命 生命》《紫藤萝瀑布》

生命理想：《在山的那边》《理想》《行道树》

生命智慧：《走一步，再走一步》《童趣》《人生寓言（节选）》《我的信念》《〈论语〉十则》《第一次真好》

这样的整合使原本散乱的单篇教学呈现出新的格局，在一个较小的平台上解决了语文教学零敲碎打的弊病，为初一新生展示了中学语文学习可能呈现的崭新格局。

3. 在整册教材之间实现整合。

我曾经配合《语文教学通讯》杂志社进行过一次关于"个性化抒情"

的综合复习，为此我写出了上万字的论文《个性化抒情》。该文涉及一到六册的课文六十多篇，几乎"扫荡"人教版初中六册语文教材中所有的抒情文字。它以非常丰富的事例和全新的归类引导学生重新遨游于教材的海洋中，让他们得以在整个中学学习的平台上获得对个性化抒情的整体认识。

二、整合，为学生呈现最有生命活力的教学内容

教材经过整合，可以促进学习内容的优化，教师会获得更为巧妙的教学切入点，学生会学得更加主动。

1. 教学内容的整合可以是微观的。

人教版初中语文八年级上册第 25 课《杜甫诗三首》中，《望岳》和《春望》的标题中都有一个"望"字。这激发了我的整合欲望，经过尝试，我紧扣"望"字，着力整合，以"五问"推进课堂教学。

一问：老师想把标题"望岳"换作"看岳"，可以吗？

二问：你通过《望岳》，望到了一个怎样的杜甫呢？

三问：望岳是"望"，春望也是"望"，但望春之心境和望岳之心境却天差地别，请扣紧最能打动你的词语作分析。

四问：既然诗人眼中的春天是凄凉的，那么在文题中用"望"，是否辜负了该词的美？

五问：从《春望》中，我们又望到了一个怎样的杜甫，甚至还望到了别的什么呢？

这堂课之所以上得荡气回肠，就是因为整合简化了教学头绪，扩大了教学容量，丰富了学生的思维层次。（该课例《"望"出杜甫的雄豪和沉郁——〈望岳〉〈春望〉教学一得》发表于《中学语文》2005 年

2. 教学内容的整合可以是中观的。

以发表在《中学语文教学》2005 年第 10 期上的课例《问君能有几多愁？——〈诗词五首〉教学的整合效应》为例。

人教版初中语文九年级上册第 25 课由五首词组成，分别是温庭筠的《望江南》、范仲淹的《渔家傲·秋思》、苏轼的《江城子·密州出猎》、李清照的《武陵春》、辛弃疾的《破阵子》。如果按照教材上安排的词作者所处年代的顺序教学，显然比较散乱。在对这五首词进行研究之后，我实施了主题为"问君能有几多愁"的整合教学。核心环节有四：

（1）自由朗读五首词，说一说如果以"愁"为分类标准，可以怎样为这五首词简单分类。

（2）细读《望江南》和《武陵春》，比较词中两位古代女子的愁，讨论她们各自在为何而愁？哪个女子更愁？

（3）细读《渔家傲·秋思》《江城子·密州出猎》《破阵子》，比较这三位词作者，谁的愁最重，谁的愁稍轻。

（4）比较词中两位女子的愁和三位男儿的愁的表现方法有何不同。

在这堂课的教学后记中，我这样进行了总结：深度开发教材，促成内容的整合，避免了教学的零敲碎打。机智生成课堂，促成了策略的整合，避免了教学的单一呆板。反复应用对比，促成了资源的整合，避免了教学的单打独斗。巧妙前后勾连，促成了新旧知识的整合，避免了教学的浅薄平庸。多管齐下引导，促成了多维目标的整合，避免了教学的功利世俗。

3. 教学内容的整合更可以是宏观的。

我曾经整合了《蒲柳人家（节选）》《我的叔叔于勒》《故乡》这三

篇表面上看起来风马牛不相及的课文,上了一堂以"三个女人一台戏"为主题的课,比较了一丈青大娘、菲利普夫人、杨二嫂这三位泼辣女人,引导学生去体会作家塑造人物的精妙。

在同一堂课上,我们还有一个整合的话题是"两件长衫",我让学生比较了何大学问的长衫和孔乙己的长衫。通过这两件长衫,我们透视了不同年代但同样尊崇读书的两个人的不同境遇,由此引导学生进一步思考作家塑造人物的匠心。

这样的尝试还有很多。为了培养学生的爱国主义情怀,我整合了《黄河诵》《艰难的国运与雄健的国民》《土地的誓言》,上了一堂以朗诵为主线的塑造爱国魂的课。为了引导学生欣赏和创作现代小诗,我整合了三位著名现代诗诗人冰心、泰戈尔、汪国真的诗,以"华山论诗"为题做了一次教学探索。

引进课外内容更需要大开大合的宏观整合。我曾经整合三部电影——《一个都不能少》《钢琴家》《荒岛余生》,探讨了三个相同性质的问题:魏敏芝为什么是一个农村小姑娘?斯皮曼为什么是一名钢琴家?诺兰德为什么是一名速递员?以主角的职业身份为切入点,引导学生透视影片主题,挖掘编导创作的内蕴,取得了很好的教学效果。

三、整合,是教师教学反思的必要手段

篇幅所限,这个问题不敢开谈。总之,课堂的吉光片羽都是教师教学反思的宝贵资源。而整合了教学中的点点滴滴之后,你自然会在某个小问题上豁然开朗。

比如,整合了《背影》中的几个矛盾之处,我写出了教材反思《于无声处听惊雷——〈背影〉备课札记》。整合了《台阶》《邓稼先》《亲

爱的爸爸妈妈》三篇课文中三处句号的妙用，我写出了《天光云影共徘徊——句号在课堂设计中的作用举例》。整合《亲爱的爸爸妈妈》《就英法联军远征中国给巴特勒上尉的信》《社戏》《阿长与〈山海经〉》四篇课文中虚词的妙用，我写出了《让虚词"登堂入室"》。对八年级上册第二单元的课文整合后进行反思，我发现了教材选文中关于善良的悖论，写出了《教材，请给孩子一个善良的理由》。整合七年级下册第五单元的课文进行教学主题的反思后，我认为该单元的主题应该与时俱进，重新定位，于是我写出了《突围，让英雄"下凡"》。

教学的成功之处可以整合，教学的失误之处更可以整合。相同题材不同教法可以整合，相同教法不同题材也可以整合……我的感受是，没有整合就没有高品位的反思。

其实，不但教师可以整合教材，学生也应该主动地构建和生成教材，形成一个学生、教师、教材之间的互动的格局。新课程改革呼吁教材的变革，一线教师要自己钻研教材，在尽可能的范围内促成独立选文之间的融合与交流，使老师帮助学生完成的教学拓展变成学生在求知过程中自己主动地发现和探究。这样的整合，于教师而言，是创造性的教；于学生而言，是创造性的学。

整合，让语文教材立体起来，让语文教学灵动起来。

让虚词"登堂入室"

虚词向来是不善张扬的,它们往往安安静静地候在实词的旁边,内敛而含蓄,甘作铺路石,甘为小小草。它们是极容易被遗忘的一族。确实,不管是教师还是学生,都习惯关注形象亮丽的名词、形容词和动词,在课堂上作为重点被翻来覆去地品味的也往往是这些词语。但其实,虚词中有大天地,虚词中更有大智慧。"凿开"一个虚词,甚至可以巧妙地解读好一篇文章。不信,你看。

一、虚词中有精神之魂灵

在和学生一起学习聂华苓的《亲爱的爸爸妈妈》的时候,我大胆地处理了教材:我让学生反复朗读、品味、讨论第三部分,最后让孩子们把视线集中在"另一位作家讲话之后,日本人也要讲话了"这个句子当中的虚词"也"字上。这个虚词不引人注目,但是,稍作思考你就会发觉,就是这个虚词,非常委婉又非常酣畅地表达了作者的情怀。

最初孩子们只能停留在表面,他们说这个"也"字表明日本人讲话是在西德作家讲话之后。我问,那为什么作者不直接写"接着是日本作家讲话了",而要换成"日本人也要讲话了"这样的一种表达呢?这个"也"字当中是不是还含有一些更丰富的东西?

处理这个难点的方式是朗读。我提醒孩子们联系前后文特别是前文，然后不断地变换方式和孩子们讨论如何处理"也"字的朗读语调。在对比朗读中，孩子们渐渐进入了"也"字深处的情感空间。这个"也"，哪里只是表达一种行为的重复，它根本就是含蓄地倾吐了作者对日本人的愤怒和不屑。其实，这也是整篇文章想要表达的情感：对正视并反思战争的国家与人民的敬意，对逃避战争、淡化历史的国家与人民的蔑视。

这个虚词"也"，完全可以看作作者情感的分水岭，一面是爱和感动，另一面是恨和沉痛。大刀阔斧地"劈开"文本、体会情感自然是可以的，但透过一个安静的虚词如此细腻入微地品味，课堂教学便显出别样的丰盈和充实。

二、虚词中有结构之标志

对于《就英法联军远征中国给巴特勒上尉的信》这篇课文，初一接触，第四自然段的那一句话——"这个奇迹已经消失了"，就在我的心底掀起了波澜。我决定从这个句子入手教学，从这个句子中的虚词"已经"入手。

教学伊始，我就让孩子们迅速找出了这个承上启下的句子，然后带领着大家反复朗读。我问，这个句子中最打动你的是哪个词语？孩子们开始时意见很分歧，有的说是"奇迹"，有的说是"消失"，没有一个孩子注意到虚词"已经"。于是我让孩子们去掉"已经"进行朗读，然后又加上"已经"进行朗读。对比中，孩子们大悟：这个句子表达的情感之痛不在"奇迹""消失了"上，而在"已经"上。因为"已经"，"奇迹"之"奇"才让人扼腕、让人悲伤；因为"已经"，"消失"之"失"才显得痛彻心扉、忍无可忍。"已经"连缀起"奇迹"和"消失",既是时间上的强调,又是程度上的强调,因为这个虚词,作者情感之悲痛顿时翻番。

然后我们分头出击:"奇迹"之"奇"到何种地步?"消失"又"失"得如何悲愤呢?"反戈一击"后的朗读和理解已经不是从零开始了,"已经"一词的绝不浅薄的品味为教学的回溯和深入打下了坚实的基础。剖析"已经",表面上看是层次更为明晰,仔细体会却是情感起点和终点的双重打造。这个虚词,既是结构的抓手,也是情感的抓手。

三、虚词中有性格之核心

《社戏》是传统篇目了,怎样讲才能讲出情趣、讲出新意呢?我认为其重点和难点都是要让学生身临其境地体会到弥漫在文字中的童真、童趣、童心。我的做法是淡化故事,回归文字,品味"童眼看世界,童心感生活"。其中一个重要的教学环节就是品味虚词"终于"——"然而老旦终于出台了"中的"终于"。

和所有的虚词一样,这也是一个不动声色的词语,容易一晃而过。但是如果驻足细品,实在是趣味无穷。

你可以想象,如果没有老师的提醒,很多孩子多半会犯一个很理直气壮也很低级的错误:"终于"嘛,就是千呼万唤始出来,这里表示"双喜们"终于盼来了老旦。这种理解当然是错误的!站在孩子们的角度,我体谅他们的粗心大意与常规思维的强大惯性。我不急,我让孩子们各自设计出"然而老旦终于出台了"这句话的潜台词。一些孩子说:"老旦啊老旦,你千万别出现啊!"另一些孩子说:"天啊,老旦你怎么还是不请自来了,这怎么是好啊!"如此种种,让人忍俊不禁。这些潜台词都是"终于"的最好注释，有了这些注释，读出虚词之丰富多彩的内在情感就在情理中了。有的孩子用了沮丧的语气，有的孩子用了愤怒的语气，有的孩子用了气急败坏的语气。在心领神会的朗读中，孩子们对鲁迅语言的精彩之处有了理解：原来虚词也是可以正意反用的啊！

读懂"终于"，也就读懂了后文"竟在中间的一把交椅上坐下了"一句中的"竟"字，以及"不料他却又慢慢的放下在原地方，仍旧唱"一句中的"不料"。就是这些词语，把"迅哥儿们"怕老旦、烦老旦、恨老旦却躲也躲不过的儿童心理描绘得传神而细腻。虚词烘云托月般地烘托出了童真童趣，烘托出了儿童天真可爱的性格。

四、虚词中有情感之内核

无独有偶，教学《阿长与〈山海经〉》时我也是从两个虚词入手的。整体阅读之后，孩子们都知道了"我"其实对阿长是非常爱的，而这爱，是因为阿长给"我"买来了《山海经》。于是我们的视点集中到了一个关键句上——"这又使我发生新的敬意了，别人不肯做，或不能做的事情，她却能够做成功。她确有伟大的神力。"

句子本身并不难懂，但疑点有二：一是对"她却能够做成功"中的"却"字的理解；二是，为何不直接说"她有伟大的神力"，而要说"她确有伟大的神力"？

这两个虚词实在是鲁迅的妙笔，抓住了这两个虚词，文章前后两部分的关系就得到了巧妙的暗合。"却能够做成功"表达出了阿长之爱和别人之爱的不同：越愚昧越震撼人心，越质朴越感天动地。"却"中有作者的惊异、惊喜，"却"中更有作者的感激、感动。"确有伟大的神力"则暗示了作者幼年一段不寻常的心路历程：哦，一定还有一段关于"神力"的故事在此之前层层铺垫！由此溯源而上，文本便如剥笋一般，层层显露出其先抑后扬之妙了。

走进"却"与"确"这两个读音相同的虚词，阿长的心、作者的心，便都如抽丝剥茧一般露出了其最动人的内核。

以上只是几个典型的例子。这样的例子其实还有很多，因为大凡优秀的作品，都绝不会粗疏于细节。而虚词，乃是细节的代表之一。钻研虚词往往会有意想不到的收获：一是虚词多能体现作者情感细微之处的回旋；二是虚词多不需要烦琐的讲解，反复朗读、精要点拨一般就能挖掘出精髓。所以，在教学的过程中，引导学生重视虚词、体味虚词，不仅能激发学生学习语言的兴趣，更能提高学生品味语言的能力。

所以，在语文教学中，何不让虚词"登堂入室"！

为何要对相同文本进行多次解读？

问：我经常读到您对同一文本的多次解读和多角度解读，请问这对教师的专业发展很重要吗?

我的思考：经典的文本具有无限的生命活力，它们的存在是一种永恒的召唤。阅历的深度决定解读的深度，思考的角度改变解读的角度。多轮解读和多向解读是教师生命成长和专业成长的必然选择，也是显著标志。有不断反省的人，就有不断提升的解读空间；有永远成长的人，就有不断翻新的解读境界。语文教师应该坚持做这样的尝试，这是非常好的自我突破路径。

对《我的叔叔于勒》的推进式解读

第一次解读，我基本上是跟着教参走的。教参说这篇文章批判了资本主义社会人与人之间的金钱关系，我便也这么教给学生。

第二次解读，我开始尝试创新教学，把《我的叔叔于勒》和《麦琪的礼物》整合在一起，意图是让学生批判菲利普夫妇，颂扬吉姆夫妇。这堂课，对我后来的教学产生了重要影响。教学手记《孩子，请相信爱》见证了我的解读探索。

孩子，请相信爱

这节语文课让我终生难忘。

这本是一节很精彩的课，但没有想到，最终我逃离了课堂。

现在想来，这堂课的设计确有匠心。面对《我的叔叔于勒》和《麦琪的礼物》这样两篇内容和思想都极具分量的小说，我删繁就简，举重若轻，只提了一个问题切入教学。当时，我的脸上一定有不易察觉但绝对自信的笑容，我像一个胜券在握的指挥官，含笑注视着我的军队。我颇为神秘地拉开序幕：

同学们，走进两篇小说，走进菲利普夫妇和吉姆夫妇的生活，我们会发现有那么多的相同和不同。两对夫妇，却演绎了两个截然不同的故事、两种截然不同的情感。你们能跨越时间空间、跨越心灵的鸿沟，对这两对夫妇进行感性和理性的双重比较吗？

就小说教学来说，这样的单刀切入无疑是刺激而极具挑战性的。按往常的习惯，我请学生做主持人，然后悄悄坐在最后一排，欣赏、品味、记录，当然必要时也点拨参与。

大多数时候，我像一位将军，不佩一刀一枪，成竹在胸，神情自若。

那天的讨论应该说让我非常满意，从零星记下的笔记中，我依旧可以感受到当时充满诗意的热烈氛围：

——"于勒"的情节转折较突然，"麦琪"却是层层铺垫。大起大落的故事，大起大落的情感。

——"于勒"的环境描写画龙点睛，"麦琪"的心理描写细腻入微。

——"于勒"的故事跨度长达几十年，"麦琪"的故事却仅仅在一个晚上。时间的长度不同，情感却都经历了万水千山。

——两对夫妇都在守望金钱。一对乐观，另一对悲观；一对吝啬入骨，另一对大方潇洒。

——一对夫妇守望金钱是为了让生活更富裕，另一对守望金钱却是为了让爱情长青。

——一对夫妇为金钱而放弃亲情，另一对夫妇为亲情而放弃金钱。

——"于勒"的法郎上散发着铜臭，"德拉"的美元上却飘着清香。

——当金钱和亲情碰撞时，亲情为金钱而折腰；当金钱和爱情交锋时，爱情不战而胜。

——两对夫妇最后都失掉了金钱，但最终的结局都并非"失落"。菲利普夫妇丢失了金钱也丢失了思念，只留下失望和气愤。吉姆夫妇却放弃了金钱收获了爱情，他们得到了更多的快乐和幸福。

——于是，一个成了悲剧，另一个成了喜剧。

——于是，一对夫妇演绎了人性的丑陋，另一对夫妇展示了人性的美丽。

——两对夫妇都让人流泪，让人心疼。抑或是痛心的泪，抑或是喜悦的泪。"于勒"的悲情故事中有"若瑟夫"这一抹亮色，"麦琪的礼物"于温情中也透露出生活的无奈。

…………

我就一直笑眯眯地赏玩着学生的发言——这正是我设计和期待的方向！那样自然，那样和谐，那样深入，那样独到。

我没有想到，我的课堂会在没有任何预兆的情况下突然偏离方向。一位女学生很自信地站起来，很从容地开始发言，她说："请老师和同学们不要忘记了一个很重要的细节，菲利普夫妇的女儿都已经二十八岁了，而德拉的丈夫吉姆才二十三岁。这个年龄说明什么？说明菲利普夫妇经历了太多沧桑与磨难，而吉姆夫妇可能还是新婚，还沉浸在对爱情的幻想中。如果我们站在这个背景下去重新审视两个故事，我认为结果会完全不同。"

一石激起千层浪，充满诗意的热烈氛围被打破了，课堂讨论在我还未回过神来之前迅速地进入了另一个层面。

——我一直不好意思说，我觉得我的妈妈就像那位菲利普夫人，真的非常像。唠叨、琐碎、庸俗，有时还很尖刻。但我觉得大多数时候她还是一位好妈妈。

——菲利普夫人也有她的可爱之处，她辛苦持家，相夫教子，忍受贫寒，最后连一点可怜的希望也无情地破灭。这种破灭不是一个小小的失败，是对一个家庭、对一个连大女儿都嫁不出去的年老女人的致命打击。于勒的命运暗示了这个家庭未来的命运。作为一位主妇和母亲，一位挣扎在社会底层的主妇和母亲，她难道没有权利暴跳如雷，没有权利指责躲避吗？

——生活对于经历了太多磨难的菲利普夫妇来说已无浪漫可言，他们不是圣人，他们寄托在"福音书"上的希望是那样的渺茫，他们岁岁年年的等待是多少普通人家自觉的心灵选择。假如你也生在贫寒家庭，假如你也有那样一个早年占取了你的大部分财产并给家庭投下巨大阴影的兄弟，你能保证在若干年后他再一次以穷困潦倒的形象出现在你面前时，你还能保持风度吗？

——是啊！吉姆夫妇正如作者所说，他们还是两个"笨孩子"，二十岁出头的年龄还是青春的未断乳期，他们才刚跨进生活的大门。他们没有孩子，没有太多家务，没有经历过多的艰辛。如果他们也有一个嫁不出去的女儿，如果他们也曾承受财产被瓜分之苦，在圣诞节的前夜，他们还会拥有那样动人的故事吗？

——是的，菲利普夫妇情感粗糙甚至麻木，但肇事者是琐碎艰辛的生活。吉姆夫妇的爱情细腻动人，但如果吉姆每周都只能赚 20 美元，他们能把这种浪漫坚持到六十岁吗？

——我们不能以现代读者养尊处优的身份去俯视菲利普夫妇和吉姆夫妇。实际上，他们拥有的截然不同的两段人生决定了这两对夫妇根本就没有可比性。

…………

原来，居然是我的课堂设计出了错。

记不清那堂课我是怎样逃离的，只记得讲台前围满了学生，他们神采飞扬，激情四溢，眼睛里闪烁着要与我探讨人生的强烈欲望。但是，我逃了！

我不是逃离我的语文课，我给这堂课打了一百分。虽然我有些狼狈、有些被动，但我为自己塑造的这群学生而骄傲。在这样普通的一节语文课上，孩子们那么自由、那么开放、那么民主，他们稚气而又神气地独立面对文本，自觉地搭建起了语文与生活的桥梁。他们自主地阐发对爱情、对人生绝不浅薄的思考，他们的思维时而"旁逸斜出"时而"一枝红杏出墙来"，更多的时候则是"衔远山，吞长江，浩浩汤汤，横无际涯"。他们带着问题进课堂，又带着问题出课堂。他们的神态告诉我，因为语文征服了他们，所以他们也有反征服的渴望。这不正是我们孜孜以求的语文课的至高、至美境界吗？

我逃离的是学生的情感状态。

这是一群初三的学生，我曾经以为他们年轻得像清晨的露珠。他们的生活几乎是"三点一线"，他们也难免早恋，但绝对很快就会成为过眼云烟。谁教会他们以这样的心态来看人生、看社会——在这样露珠般清澈的年龄。

其实，从内心深处我觉得孩子们说得有道理，甚至有些深刻。但是，在反省自我是否浅薄的过程中，我给"深刻"打了一个重重的问号。

孩子们，我宁愿你们远离这样的"深刻"。

我宁愿你们相信《神雕侠侣》中小龙女与杨过的十六年的痴痴等候，宁愿你们相信流行歌曲中所唱的"我能想到最浪漫的事，就是和你一起慢慢变老"，宁愿你们相信如果泰坦尼克号不沉没，罗丝与杰克依旧相爱，宁愿你们相信德拉和吉姆哪怕到了一百岁依然拥有那样浪漫的圣诞之夜，宁愿你们相信结婚近十年的王老师的心并非坚硬而是越来越柔软……

孩子们，相信世上也有这样的菲利普夫妇：哪怕他们的于勒弟弟劣迹斑斑、穷困潦倒，同样沦落为孤苦伶仃的卖牡蛎的老人时，他们依旧会轻轻地走上前去牵起他的手一起回家。

孩子们，相信爱，相信沧海会变成桑田，相信"山无陵……天地合，乃敢与君绝"，相信"桃花潭水深千尺，不及汪伦送我情"，相信"谁言寸草心，报得三春晖"，相信"落红不是无情物，化作春泥更护花"，相信"我自横刀向天笑，去留肝胆两昆仑"。

我突然想起曾经感动过我的一篇文章，叫《我交给你们一个孩子》。年轻的母亲那样深情地为第一天入学的儿子向生活祈求：给孩子安全，给孩子健康，给孩子一切一切……我的视线越过语文课的这场争论，我悲哀地寻找着引发孩子们如此沉重的思考的源头，有一个声音执拗地在我耳边回响：不，我们不要朗诵"黑夜给了我黑色的眼睛，我却用它来寻找光明"的诗句，生活，请给我们一双彩色的眼睛吧，我们要用它来记录真情。

这难忘的一课！夜深人静，我在我的教学后记上写下了最后一句：语文，请帮助我！让我和孩子们永远成为守望者吧——守望真情，守望真善美！

第三次解读，在整合上，我有个更加夺人眼球的奇思妙想。

两个女人一台戏
——《我的叔叔于勒》教学后记

《我的叔叔于勒》怎么教？

现在再反思以前曾经颇为得意的教法，我不禁哑然失笑。以前课堂的主要环节是引导学生找出菲利普一家人对于勒态度变化的关键词语，要求大家设计一种新颖的图形来表达（比如坐标、波浪、山峰、心电图等），然后品味人物描写的方法，最多再来个结局改写、续写、扩写等，当然也搞过课本剧表演。这些法子自然也有它的好处，因为学生毕竟动起来了。问题是起点太低。让学生设计"态度变化图"是比较别致，对初一的学生尚可，但对初三的学生则显得有些小儿科（这个提问几乎没有难度和梯度）。

面对新的一届学生，我决定独辟蹊径，教出点儿"别样的味道"来。

刚刚学完《故乡》，课堂上掀起的"杨二嫂"的狂潮还未散去。早自习上，我提前抛出了我的授课思路：《故乡》和《我的叔叔于勒》中都有两个异常厉害的女人，请大家比较这两个女人的异同。

两个女人一台戏，我信这句话。我有信心通过这两个女人来同时洞穿《故乡》和《我的叔叔于勒》。

课堂讨论很有意思，选择片段辑录于下。

师：很好，刚才大家对故事的复述做得不错。现在咱们聊一聊早自习王老师提出的那个问题，看看大家钻研精神怎么样。

生：杨二嫂和菲利普夫人都是泼妇。（众笑）

师：这么早就给别人定性了？你们很厉害啊！得有理有据。

生：我觉得两篇小说都写了两个女人的变化。杨二嫂从一个年轻漂亮、比较沉默的女子变成了一个凶悍自私的泼妇，而《我的叔叔于勒》中塑造菲利普夫人也是通过她对于勒的态度变化来刻画的。也就是说两篇小说和两个人物都体现了一个"变"字。

【感悟：你看，学生一语中的，而以前我们总把这个东西自以为是重点翻来覆去地讲，我们为什么总是要"多情"地讲太多学生已经懂了或者自己可以轻易弄懂的东西呢？】

师：陈熙之的发言很好，因为她站得比较高，她是在俯瞰两篇小说。整体阅读是很好的读书方法，同学们要注意既要见树木也要见森林。

【自评：这句点评比较到位，强调了自学和阅读的方法。】

生：我接着陈熙之的话说，我觉得两个女人的变化其实都是围绕着钱。杨二嫂想占点儿小便宜，而菲利普夫人盯着的也是弟弟于勒的钱。"钱"就是她们整个表现的指挥棒。

师：很准确！刚才熊星说两个女人都是泼妇，你们同意吗？

【自评：谈到了"变"，也谈到了"钱"，在整体的俯瞰上，孩子们是比较成功的，教师此问是想把学生关注的重点拉到"树叶"上来。】

生：我同意。两个女人确实都很泼辣。杨二嫂圆规一样的身材、尖厉的声音、刻薄的语言，和让人厌恶的小偷小摸行为加起来，活脱脱就是一个市井泼妇。菲利普夫人也不简单，你看看她知道了于勒依旧贫穷时的暴怒以及对若瑟夫付给于勒小费时的责骂吧。对丈夫，她恶狠狠的；对儿子，她的语言也毫不留情。她本质上也是一个泼妇。

师：为什么你用了"本质上"这个词语呢？

【自评：这个地方反应比较敏锐，抓住学生发言中的这个词语，很自然地推动对人物的深层理解。】

生：因为我觉得她们还是有很多不一样的，她们的"泼辣"不一样，杨二嫂是真泼辣，而菲利普夫人本质上不泼辣。（生支支吾吾说不下去了。）

师：哪个同学来帮帮他？

生：两个女人都厉害，但我觉得杨二嫂更厉害。杨二嫂从一出场就没有温柔过（众笑）。她出场的第一句话——"哈！这模样了！胡子这么长了！"——就毫无章法，一直到退场"拿了那狗气杀，飞也似的跑了"，你看她那个德行，模样让人讨厌，语言让人受不了，行为更让人恶心，十足一个泼妇。可人家菲利普夫人最开始还是很文明的，她的"泼辣"是后来才表现出来的，而且她也"泼辣"得不如杨二嫂那么让人恶心。

师：看来你对菲利普夫人还有些好感是吧？（众笑）这个话题有意思，大家再聊聊，到底谁更厉害？

【自评：这是我希望出现的分歧，果真出现了，是异常宝贵的讨论契机！】

生：我不同意杨羚菁的意见，我觉得厉害的不是杨二嫂，而是菲利普夫人。因为杨二嫂虽然泼辣，但是泼辣得很真实，她从不掩饰自己。而菲利普夫人除了泼辣，她还有一个重要的特点就是很虚伪。

师：很虚伪？新观点，说说看。

生：比如文中那个父亲要请"我们"吃牡蛎的细节，母亲怕花钱本不情愿，但是她却说"我怕伤胃，你只给孩子们买几个好了，可别太多，吃多了要生病的"，还以"别把男孩子惯坏了"的理由阻止若瑟夫吃牡蛎，这些都表现出了菲利普夫人的虚伪。

生：我也觉得菲利普夫人更厉害。杨二嫂至多不过是要点儿小聪明，她的那点儿把戏谁都一眼看得穿。可是菲利普夫人就不一样了，在船上发现于勒后，为了向女儿女婿封锁消息，不让于勒发现他们，你看她调兵遣将安排筹划，有条不紊，头脑相当冷静，这根本就不是杨二嫂能比的。

师：分析得很有道理。假如要你来表演两个女人的话，你觉得哪个更难表演一些？

【自评：希望靠这个问题让学生的思维更深入。】

生：杨二嫂比较好表演，反正就是一个简单的尖酸刻薄的泼妇。菲利普夫人比较难，一是个性比较复杂，二是变化的层次比较多。

师：表演菲利普夫人的"泼辣"和杨二嫂的"泼辣"有何不同？

生：杨二嫂的"泼辣"在表面上，"泼辣"得很尽兴。菲利普夫人"泼辣"得含蓄一些。

师：说得好。你的"含蓄"怎么讲呢？

生：一是她要尽量掩饰她的身份。

师：为什么要掩饰呢？

生：从小说中看得出来菲利普一家是很向往上层阶级的生活的，他们去哲尔赛岛旅行就是证明，他们去吃对他们来说还比较昂贵的牡蛎也说明了这一点。但是其实菲利普一家无论从哪个方面来说都离上层阶级的生活状态差得很远，他们连买日用品"也是常常买减价的"，就更不用说其他了。所以菲利普夫人必须装出高贵典雅的样子，她尽力掩饰她的贫穷，要装出贵妇人的样子。

【自评：你看学生的分析，让人赞赏啊！】

师：这使我想起了刚才杨雅云的发言，她说菲利普夫人很"虚伪"，我听了你的分析，看来与其用"虚伪"，不如用——

生：虚荣。

师：很好，"虚荣"一词更准确。第二呢？

生：她还要尽量掩饰她的"泼辣"。后来了解到于勒的境遇，她情不自禁地暴露出了真实的面目，比如暴怒啊，比如骂人啊，反正也就是她本身就应该有的一些市井妇女的东西吧。她肯定是想掩饰的，但没有能够掩饰得住。表演的时候这个分寸就比较难把握。

师：谷雨每节课都有自己非常独到的观点，你真的很了不起。你们的意思是说杨二嫂的"泼辣"是不自知的，而菲利普夫人是自知的，她想掩饰这种"泼辣"，但是最后没有完全掩饰得住，是吧？再说说，如果你来表演菲利普夫人，你如何把握你刚才所说的分寸呢？

【自评：不知道我的这处"点拨"点得如何？】

生：杨二嫂一出场就是大大咧咧没个讲究的样子，而菲利普夫人要做出端庄贤淑的模样，包括她后来的暴怒，声音也不应该完全放开，而应该略略压一下。哪怕是在暴跳如雷的时候，也要尽可能表演出她的小心翼翼。总之，要演出她的心机才能够表现这个泼妇的特点。

师：你真是天才演员！大家觉得造成两个女人的不同状态的原因何在呢？

生：我们政治课正在学生产力决定生产关系呢！杨二嫂是中国近代农村的一个市井妇女，应该是没有受过教育的。但菲利普夫人是资本主义社会底层的一个女人，应该是小公务员家庭吧，社会背景不一样，经济条件也不一样，当然表现就不一样了。

【自评：你不佩服学生不行啊！】

师：那咱们回到整体上说说，读完两篇小说你的感受相同吗？

生：有相同也有不同。都很沉重。但《故乡》更沉重，《我的叔叔于勒》有点儿像一场闹剧，滑稽可笑又可叹。

生：两篇小说表现出了不同的创作风格，我们的鲁迅更加凝重，而莫泊桑的戏剧性要强一些。

师：你们觉得中外的作者们为什么要塑造这些小说人物呢？

生：我觉得是为了表现小人物生存的烦恼。

生：我觉得是为了表现社会的畸形和人性的畸形。

【自评：这可和教参上的说法相去甚远了，当时我的反应也有点儿

迟钝。】

师：说说你们对杨二嫂和菲利普夫人的真实感情。

生：都挺让人讨厌的，但也有让人同情的地方。

师：这么凶恶的两个人，为什么同情呢？

生：她们这样还不是因为穷。杨二嫂的家境如果和她年轻时一样，大概老了以后也还会和年轻时一样"终日坐着"，变成一个善良的老太太。菲利普一家人就更不容易了，平时都辛勤工作省吃俭用的，菲利普先生每天晚上都要工作到很晚才回家，他们的女儿甚至因为穷嫁不出去。

生：还有，哪怕是对于勒，他们有这种态度也不是说就完全没有理由，毕竟于勒以前太不像话了。就是现在的家庭碰到这样不争气的一个人，谁又受得了呢？

师：大家的意思是不是说，杨二嫂和菲利普一家人其实都不是坏人，他们虽然都如鲁迅所说"恣睢"地生活着，但这"恣睢"有一个前提，就是他们的"辛苦"。他们不过是被窘迫的生活扭曲了人格，变了性情，他们也是受害者。

【自评：天哪，我这样的总结合理吗？】

生：我认为是这样。但应该还有些其他的东西在里边，《故乡》的内涵肯定不止这点儿，因为《故乡》对闰土、对"我"的描写也很多。

【自评：还好，学生提出这个问题，让我不至于浅尝辄止吧。】

师：大家再想想，两篇小说中都有亮色吗？

生：有的。《故乡》中的宏儿、水生是亮色，"我"也是亮色，因为"我"在思考"新的生活"了。

生：《我的叔叔于勒》中也有亮色，也是"我"，就是那个若瑟夫，他就和自己的父亲母亲不一样，他同情于勒，还给了于勒小费，小说中的那句"这是我的叔叔，父亲的弟弟，我的亲叔叔"特别感人。

师：我们可不可以这样理解，若瑟夫的表现含蓄地展现了作者希望的人与人之间的关系，这是不受金钱左右的，不会因为经济的变化而被扭曲的，那是人类至真至善的东西。

生：应该是这样吧。

师：好了同学们，今天我们的讨论就到这儿吧。通过杨二嫂，通过这两篇小说，我们看到了作家们对老百姓生存状态的思考，看到了他们对人与人之间关系的思考以及对新的生活和新的人性的向往。等大家长大一些后，会有更深刻、更独到的解读。这堂课上得不错，继续努力。下课。

第四次解读，我看到了小说中小人物的悲哀。这篇文章，几乎可以算我文本解读史上有着划时代意义的一次尝试。

灰色小人物的灰色理想的幻灭
——《我的叔叔于勒》的另一种读法

"在我们面前，天边远处仿佛有一片紫色的阴影从海里钻出来。那就是哲尔赛岛了。"每一次读到这个地方，我总是一声叹息。哲尔赛岛是"穷人们最理想的游玩的地方"，是"我们的心事"和"时时刻刻的渴望和梦想"，我们的哲尔赛之行是"在一片平静得好似绿色大理石桌面的海上驶向远处"，我们感到"快活而骄傲"。但是，"远处"并没有给我们带来幸福，从海里"钻"出来的哲尔赛岛只是一片紫色的"阴影"——我们时时刻刻的"渴望和梦想"就这样变成了阴影，我们的

"快活而骄傲"竟然如此短命。

透过这些文字，莫泊桑到底想要告诉我们什么？

解读《我的叔叔于勒》的路径有很多，但人们普遍认为万变不离一点，那就是人与人之间的关系。但其实，如果我们站位稍高，从故事的人物群中抽身出来再看，我们就会发现，《我的叔叔于勒》其实还有更深层次的东西值得我们去挖掘。

我之所以说作者并不完全着力于写人与人之间的关系，乃是因为细读文本后，我发觉下面这个疑点值得重视。

虽然小说的题目叫《我的叔叔于勒》，但其实于勒和故事中的所有人物都没有实质上的接触。就算最后"我"（若瑟夫）曾代表父母付钱给于勒，并且自作主张多给了于勒小费，于勒也表示了感谢。但在这样的接触中，心明眼亮的其实也只是"我"，于勒完全处于无知觉的状态。这一次接触依旧算不上于勒和"我们"的正面接触。也就是说，自始至终，在文本里，于勒都仅仅是一个"符号"。作者故意把他置于亲情的"蒙昧状态"中，让他在整个故事发展中并不掌控发言权。这就留给读者阔大的想象空间，使我们对"于勒"的象征意义浮想联翩。

那么于勒这个人物到底有何意义呢？

我们再转一个方向，看看于勒给予菲利普一家的真正影响何在。普遍的解读认为，于勒是菲利普夫妇梦想中的一棵发财树，是菲利普夫妇价值取向的风向标，在"于勒"这面镜子面前，菲利普夫妇露出了贪财忘义、趋利避害的丑陋面目。但其实，真的是这样的吗？于勒真的是菲利普一家的梦想和渴望吗？

如果浮光掠影地读文字，确实如此。但我们如果沉入文字，就会发现文本中还多有玄机。其实，于勒从来没有给菲利普夫妇带来任何实际的利益。在小说展示的情节里，于勒在菲利普的家庭生活中，从来都只是一个符号。他当初"行为不正，糟蹋钱""逼得父母动老本"，是"坏蛋""流氓""无赖"，如果说这个时候，于勒还是作为真实的个体存在的话，那么，自从人们按照当时的"惯例"，"把他送上从勒阿弗尔到纽约的商船"，把他打发到美洲去之后，"于勒"从此就变为了一个符号。

于勒不久就写信来说他赚了点儿钱，"两年后"才接到他的第二封信。果然，"十年之久"，于勒叔叔没有再来信。细细体会这些时间词语，我感到惊心动魄。十年，乃至十年以上的光阴，这是一个什么样的概念？这么漫长的时间啊，菲利普一家就那么迷信于勒一封语焉不详的信？这封信，到底能够证明什么、保证什么？于勒书信内容的虚假一眼便可以看出。首先，于勒抛开做得好好的生意去美洲旅行，这不符合常理。即使要旅行也和与家人通信不矛盾，更不必"要好几年不给家人写信"。再次，为什么不可以趁"长期旅行"顺便回家一趟呢？最后，信中说"我发了财就会回勒阿弗尔的"，这更是欲盖弥彰。总之可以看出，这封信真可谓"满纸荒唐言，一把辛酸泪"，它根本不是什么"福音书"，分明是一份宣布破产和诀别的"通知书"。

外人尚且看得一清二楚，善于精打细算的菲利普一家难道都是白痴，看不出信的本质？更何况，这薄薄的两封信能够承载得起十多年的时光的空白吗？也许有人会说，菲利普一家是有信念的。在中国历史中，不就有王宝钏苦守寒窑十八年，牛郎织女年年岁岁盼望等待的故事吗？但是，我们不要忘记了，这样的等待一般都有一个前提，那就是被等待者曾经赋予等待者心灵力量。这力量，成就了等待的动力和决心。但是，于勒曾经赋予菲利普夫妇什么呢？除了噩梦，还是噩梦。

菲利普夫妇经历了足够的人生风霜，悲苦到连女儿都嫁不出去的地步，他们对世事的无常、人生的冷酷应该有丰富的体验和认识，难道，他们能够轻易地被一封信"忽悠"整整十年吗？

　　我们再进一步分析文本，菲利普夫妇真的不知道于勒为他们描绘的理想人生可能是一场空吗？我们来品味两句话。

　　"那时候，只要一看见从远方回来的大海船开进港口来，父亲总要说他那句永不变更的话：'唉！如果于勒竟在这只船上，那会叫人多么惊喜呀！'"

　　请细细品读。父亲为什么不这样说呢：如果于勒在这只船上，那叫人多么惊喜啊！两相对比，父亲的表达以及叹气，起码可以给我们以下几个提示：第一，一声长长的叹息"唉"，让我们感受到了菲利普内心深深的失望；第二，一个"竟"字让我们体会到，就连菲利普自己也不相信于勒会在这只船上；第三，菲利普一家从来就没有惊喜过。总之，这长长的一声"唉"，从故事的一开始就透露出了一个信息：对于于勒能够在"这只船上"，菲利普并不抱希望。而当这句话重复了十年的时候，这个本就谈不上希望的希望，应该就渺茫得如同一个遥远的童话了吧。

　　这还仅仅是故事的开端。矛盾发展到高潮时，人物语言往往更容易暴露人物的内心世界，也许就连作者自己都没有意识到这一点。当菲利普怀疑卖牡蛎的老水手就是于勒的时候，作者全力塑造了他的怕：他怕得"脸色十分苍白"，说话吞吞吐吐、颠三倒四，怕得"哆嗦"，"脸色早已煞白，两眼呆直"，嗓子变哑，神色"狼狈"。对于于勒回国这桩十拿九稳的事情，菲利普的信念怎么就这样迅速地土崩瓦解了呢？十年的坚定等待就这么不堪一击吗？菲利普夫人最后的"突然暴怒"

揭开了这个谜底。她说:"我就知道这个贼是不会有出息的,早晚会回来重新拖累我们的。"

这难道是情急之中的愤激之词?不,这是真相大白之后菲利普夫人终于能够也必须直面内心世界的明证。

我就知道!

这个贼是不会有出息的!

菲利普夫人终于吼出了自己的心里话。这绝不是愤激之词,这是菲利普夫人基于对于勒的深刻认识之后的正确判断。这个"行为不正,糟蹋钱"的家伙要想翻身成为"正直的人,有良心的人"谈何容易?并不是每一个品行有缺陷的人都能够在岁月的磨砺下充分成长的,于勒就是一个例子。他可能努力过,奋争过,也成功过,但令人扼腕的是,他毕竟没有真正站立起来。他缘何发财,又缘何迅速破产,他的人生玄机小说中讲得不详细。我想,这也是莫泊桑的高明之笔吧。

十年来,在内心深处,菲利普夫妇就一直胆战心惊地感受着于勒发财之梦的荒诞。岁月的无情流逝逼迫他们在心中做出定论:于勒根本就不可能发财!虽然如此,他们却不敢面对自己的内心,也不敢正视这个现实。他们就这样自欺欺人地和家人一起守护着这个"于勒之梦",心甘情愿地被这个梦愚弄。于是,那封早应该被岁月的风霜侵蚀得变黄的于勒的书信就成了家里佛龛上的偶像,成了"百事哀"的贫贱家庭的一缕阳光。换句话说,原来于勒早就超越了于勒本身,他不过是菲利普这样的灰色人物的灰色人生中一个不可或缺的灰色理想。"菲利普们"对于勒的依赖和盼望,除了金钱需求,还有更多的精神层面的东西。

让我们再回溯前文。在我看来,《我的叔叔于勒》最令人揪心的描写还是小人物的生存状态的无奈。从一开篇，作者就不惜笔墨写出菲利普一家的贫困：钱财并不多，"也就是刚刚够生活罢了"；父亲"很晚才从办公室回来"，还只能挣很少的钱，家里样样都要节省；甚而连两个女儿都"老找不着对象"。拮据的生活到了让母亲"非常痛苦"的地步。贫困，不仅让菲利普一家在物质上捉襟见肘，而且在精神上也常常难堪。

但是，在这灰色人物的灰色人生中，我们却不断地感受到灰色人物对灰色的躲避，对明亮的追寻。请不要忽略了一些细节："可是每星期日，我们都要衣冠整齐地到海边栈桥上去散步。"散步，这对日出而作、日落不歇的菲利普来说应该是一件奢侈的事了，这"每星期日"的散步，而且是"衣冠整齐"的散步（真正休闲的散步应该不讲究衣冠整齐而是追求闲适舒适吧），我认为表达的乃是穷人家对生活的一种态度。在这散步中，在这短暂的悠闲和庄重里，菲利普一家可能找到了生命的一种尊严。

确实，人生不仅仅是一场为了衣食的战斗，生命的尊严可能更多表现在对生活的享受上。虽然"风霜刀剑严相逼"，但是，菲利普一家还没有完全被生活压垮，他们的心里还有对生活之美的一种渴望。这在后来的情节里，是有照应的。

在哲尔赛的旅行中，"父亲忽然看见两位先生在请两位打扮很漂亮的太太吃牡蛎"，"毫无疑义，父亲是被这种高贵的吃法打动了，走到我母亲和两个姐姐身边问：'你们要不要我请你们吃牡蛎？'"

这又是看似不经意的一笔，但菲利普的这一问其实很让人为他捏一把汗。从后文来看，这样的请求显然超出这次哲尔赛旅游的预算，这对于"样样都要节省"的家庭是一笔额外的负担。因此，菲利普的请求也遭到了夫人的软性抵抗，微妙地引发了夫妻之间的矛盾。虽然菲利普夫人勉强答应了让两个女儿和女婿去吃牡蛎，但是从菲利普的迟疑不决、闪烁其辞中，我们可以感受到菲利普为此必须要面对的尴尬和回家后必然要面临的苛责。

但是，深谙家庭经济状况的菲利普还是提出了这个看似荒唐的要求。他无法抵挡这种"高贵的吃法"的魅力，他渴望自己能够成为请漂亮女士吃牡蛎的先生，他需要这种"郑重其事"的生命感受。这和前面的"衣冠整齐"多么相似。

我从来不认为这是虚荣。这些需要用尽全力才能够勉强维持家庭生活的普通平民，是多么渴望像绅士一样体面和高贵啊！哲尔赛的旅行让他们感受到"快活而骄傲"的原因也绝不仅仅是玩耍本身，而是旅行带给人的尊严感和幸福感。

弄清了这一点，我们反过来再看于勒的象征意义，就容易理解了。于勒，其实不过是菲利普夫妇灰色人生的一抹亮色，是他们为自己的漫漫人生点燃的唯一一盏长明灯罢了。这盏灯的光亮其实非常微弱，甚至是虚幻的。但是，菲利普夫妇却用全部的力量守护着它。明知虚幻却全力维持，明知不可为却全力为之。即便在心灵深处已经千万遍地正告自己要清醒、要理性，但是太阳再次升起的时候，他们却依旧沉浸在梦中，不愿意醒来。

是啊，人生是需要一个梦来支撑的啊！像菲利普夫妇这样的人生，该到哪里去寻找这样的一个梦呢？在无可奈何之中，于勒的出现便成为一种契机，成了菲利普夫妇要死死抓住的一根救命稻草。虽然历经十多年的生活的淘洗，这个梦的颜色越来越灰暗，但是，他们还是不能醒来。

不是他们不想醒来，实在是因为他们找不到可以替代于勒的另一个梦啊！远在天边的于勒，若有若无的于勒，毕竟给了他们一个遥远的寄托，成为他们展望另一种生活的跳板。大多数语文老师都愿意让学生想象，如果菲利普夫妇在船上遇到的于勒是发了大财的于勒，那会是什么样的情境？而我最想问学生的却是，如果于勒一直都不出现，故事还会怎么发展？

这才是最让人揪心的问题。我相信，菲利普夫妇还会等下去，盼下去，熬下去。只要生活没有新的希望出现，于勒就将是他们唯一的期盼。

我认为，也正是基于这个原因，作者并没有构思、描写于勒和菲利普的正面接触。也正是基于这个原因，作者不是以他人的视角，而是以"我"——若瑟夫的视角来观察这个故事。若瑟夫为人子的身份避免了对菲利普夫妇的过度批判，让世俗化的价值评判标准黯然失色。在小说中，作者就是想让于勒成为一个符号，一种并不明亮的精神的寄托，一个灰色人物的灰色人生必然要仰望又必然要破灭的灰色的梦。

这个梦就这样破灭了。最后我们见到的于勒，"衣服褴褛""又老又脏，满脸皱纹""狼狈不堪"，这哪里是于勒，这就是小人物的理想化身啊！穷困潦倒，穷途末路，哀苦悲凉，这不正是底层百姓真实人生的写照吗？

衣冠整齐的"菲利普们"，向往着高贵生活的"菲利普们"，在穷困潦倒的"于勒"面前终于彻底倒下了，他们风度全失，神色狼狈，暴跳如雷，当读到他们"回来的时候改乘圣玛洛船，以免再遇见他"的时候，我的心中涌起满腔的惘然和痛苦。

"菲利普们"终于彻底清醒了，终于彻底地告别一个不切实际的梦了。表面看来，他们并没有损失什么——因为于勒其实从来就没有真正带给他们什么。但是，只有读懂了这篇小说的人才知道，他们付出了惨重的代价——他们的梦破灭了，他们唯一的理想被埋葬了。

　　灰色的人生啊，终于又回到那漫漫长夜中去了。可怜的"菲利普们"，还会有"衣冠整齐"的时候吗？还可能被一种关于牡蛎的高贵吃法打动吗？小人物的弱不禁风的人生理想啊，让人一声叹息，寒意顿生！

　　第五次解读，我能够站在更高处反思小说了。

永远无法完成的救赎
——对《我的叔叔于勒》的再思考

　　对于传统教参的解读，以及当下还在流行的一些观点，我不是完全赞同，试从以下几个方面做简单阐释。

　　第一，作者是否批判菲利普夫妇？

　　我认为，从字里行间可以看出来，莫泊桑是不赞同菲利普夫妇对待于勒的态度的。否则，他就没有必要用极富感染力的文字来刻画于勒出现后菲利普夫妇气急败坏、狼狈万分的可笑态度了。比如他们的"怕"：怕得"脸色十分苍白"，说话吞吞吐吐、颠三倒四，怕得"哆嗦"，"脸色早已煞白，两眼呆直"，嗓子变哑，神色"狼狈"。但这样写并不能完全证明莫泊桑就是在批判。我们可以从作者对文中另一个重要人物若瑟夫的描写中看出端倪。若瑟夫显然是同情于勒的。莫泊桑用了非常深情的文字来记叙：

　　我看了看他的手，那是一只满是皱纹的水手的手。我又看了看他的脸，那是一张又老又穷苦的脸，满脸愁容，狼狈不堪。我心里默念道："这是我的叔叔，父亲的弟弟，我的亲叔叔。"

这可以说是整个小说当中最动人的一笔。若瑟夫的"看"和"念"，无不传递着一个画外音：他发自内心地同情叔叔。希望父母亲宽恕这个叔叔，准许叔叔回家。

但后面情节的发展让我们很失望。当菲利普夫妇决定躲避于勒时，若瑟夫这个唯一的知情人并没有表示反对，也没有责备父母的意思。他唯一做的，就是跟大家一样"不再说话"，跟大家一样看着"天边远处仿佛有一片紫色的阴影从海里钻出来"，跟大家一样"回来的时候改乘圣玛洛船，以免再遇见他"。

我的理解是，莫泊桑是借若瑟夫的言行表达了自己内心的挣扎。他并不赞同菲利普夫妇的无情，但是，他深深地理解菲利普夫妇的处境。对于一个挣扎在贫困线上，连女儿都嫁不出去的底层家庭，让不让于勒回家真的不是一个简单的道德问题。这其实是生活的两难选择！莫泊桑借助若瑟夫的言行表达了这个"两难"，避免了对菲利普夫妇的过度批判。而教材删去的部分内容（许多文章对此加以阐释，我不再赘述），我认为更能够证明我的观点：一是让我们更直观地看到菲利普这个家庭面临的经济困境，二是借助若瑟夫成年之后的捐助习惯表达了一种救赎心理——为当初父母抛弃亲人而进行自我反思和自我救赎。但可惜，这救赎永远无法彻底完成。

第二，菲利普夫妇眼里只有钱吗？

直到现在，我还看到许多文章在大肆批判菲利普夫妇。不仅是对他们不认亲人进行批判，而且坚持把衣冠整齐地去散步、请女儿吃牡蛎、给外人看于勒的信件、没有钱却还要去旅行等行为全部定义为

"虚荣"。对此，除了无奈，我没有什么可说的。

我是穷人家的女儿，青少年时代经历过经济困窘险些辍学的生活艰辛之痛。我认为，没有类似经历的人不容易读懂《我的叔叔于勒》以及类似的小说。因为惯于道德批判几乎算是中国教育的一种特点，而这特点已经异化了人们的审美，造成了伪道德化的阅读思维和审美取向。

散步，对普通家庭而言也不是一件容易坚持的事，对于"很晚才从办公室回来，挣的钱不多"的菲利普一家来说更不容易。这"每星期日"的散步，而且是"衣冠整齐"的散步，我认为表达的乃是穷人家对生活的一种态度。在这短暂的悠闲和庄重里，菲利普一家可能找到了生命的尊严。这是对沉重的生活压力的一种缓解释放，是展示一个贫穷家庭对抗灰色人生的倔强态度。

所以，如果我们完全不回避生活的尘土，而以悲悯的情怀来设身处地感受这些小人物的生活，那么，在失望和批评之外，也许我们还会多一些宽容和理解。

第三，"于勒"这一形象的象征意义到底是什么？

对于"于勒"这一形象，我觉得我们不能回避的有两点。

首先，"于勒"在小说中是一个变化的形象。从游戏人生、糟蹋家产、给亲人带去巨大麻烦的不肖子弟，到被家族"流放"美洲开始自谋生路的觉醒青年，再到最后流落异乡艰难谋生也不愿意归家的落魄老人，其灵魂不断地在进行自我救赎。但是，生活不放过他，他没有办法彻底完成这个救赎。莫泊桑对这个人物的塑造非常成功，基本上是采用侧面描写的方式，利用极为俭省的笔墨完成的。推敲他从美洲寄回来的两封信中的闪烁其辞，咀嚼船长对他的介绍中的"不愿"二字，反复琢磨若瑟夫眼里的他，我们看到了悲剧之光——生命的成长多么曲折艰难而又让人无可奈何。人其实没有办法完全主宰自己的命运，不管你多么真诚和努力。菲利普一家的艰难写在明处，而于勒的艰难写在暗处，它们遥相呼应，都让我们看到了小人物的挣扎。在命运的大网中，个体的力量是多么渺小而微弱。这其中，是不是有莫泊桑的生命观和社会观呢？我觉得是有的。

其次，正如我前文所说，于勒是底层民众生活中微弱的精神寄托，是灰色人物的灰色人生中必然要仰望又必然会破灭的灰色梦想。在这个解读基础上，我的板书设计是这样的：

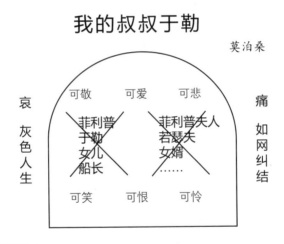

板书说明：

这个板书外表呈现为一个"网"字。《我的叔叔于勒》之感人就在于它塑造了底层人物的灰色人生。人是社会的人质，人都在命运的大网中挣扎。他们有时可敬，有时可恨，有时可笑，有时可怜，有时可鄙，有时可叹……《我的叔叔于勒》的魅力就在于，它并没有彻底地批判任何人，它展现了人生的无奈，生活的悲哀。这个板书应该是在师生的对话过程中，在讨论人物形象的时候逐步完成的。

如何解读有明显瑕疵的文本？

问：入选教材的文本是否就是优秀的文本？如果我发现这些文本有瑕疵该怎么办？

我的思考：没有十全十美的文本。常规的文本作为"自然文本"存在的时候，我们可以不苛责它。但一旦成为"教学文本"，我们就必须对它有更谨慎的审视。教材是学生最为重要的精神食粮，我们要努力保证这份"食粮"的质量：它应该是环保的、绿色的健康"食品"。所以，语文教师一定要首先成为熟悉"语文农业"的"老农"，还要主动成为质监站站长。语文教师要"站着教书"，不能盲目迷信教材。要培养有批判精神的学生，我们自己就要先成为有批判精神的教师。

岂能随意"并列"?

——《为你打开一扇门》指瑕

赵丽宏老师的《为你打开一扇门》是苏教版初中语文 [①] 七年级上册的第一篇课文,作为初中阶段的开山篇目,其地位不可谓不尊贵。这是一篇精美的好文章,文气通达,颇有气势。稍感遗憾的是,课文中频繁使用并列短语和并列分句,其前后顺序安排有待斟酌之处甚多,现举例说明。

原句:世界上没有打不开的门。只要你愿意花时间,花功夫,只要你对门里的世界有探索和了解的愿望,这些门一定会在你面前洞开,为你展现新奇美妙的风景。

指瑕:首先,"了解"在"探索"之前,而且比"探索"的层次浅,这两个词语应该互换位置成为"只要你对门里的世界有了解和探索的愿望"才符合逻辑。其次,"愿望"是主观的,而"花时间,花功夫"已经落实到行动上。所以,"只要你对门里的世界有探索和了解的愿望"放在"只要你愿意花时间,花功夫"前面才符合事理。

原句:一个时代的优秀文学作品,是这个时代的缩影,是这个时

[①] 即江苏教育出版社出版的《义务教育课程标准实验教科书·语文》(7—9年级)。后同。

代的心声，是这个时代千姿百态的社会风俗画和人文风景线，是这个时代的精神和情感的结晶。

指瑕：这个句子有四个分句，如果把"是这个时代千姿百态的社会风俗画和人文风景线"一句提前，作为全句的第一个分句似乎更好。因为"社会风俗画和人文风景线"是文学作品最直接的呈现，是最基础层面的东西。而"缩影""心声""精神""情感"等都属于更高层次的体悟。

原句：优秀的文学作品，传达着人类的憧憬和理想，凝聚着人类美好的感情和灿烂的智慧。

指瑕：我认为，"憧憬和理想"较之"感情""智慧"更能代表文学作品的终极追求，所以这两个分句互换位置更恰当。

原句：阅读优秀的文学作品，对了解历史，了解社会，了解自然，了解人生的意义，是一件大有裨益的事情。

指瑕：对文学作品而言，"了解自然"似乎是最容易的，而了解"社会""历史""人生的意义"就复杂得多、深奥得多了。所以，可以把"了解自然"放在这一组并列短语的最前面。

原句：阅读文学作品，是一种文化的积累，一种知识的积累，一种智慧的积累，一种感情的积累。

指瑕：虽然"文化知识"是一种约定俗成的表达，但我想，"知识"较之于"文化"还是更基础的东西。而"智慧"似乎也比"感情"更高端，处于阅读逻辑的更上一个层次。如果把分句的顺序变为"是一种知识的积累，一种文化的积累，一种感情的积累，一种智慧的积累"，整个句群会显得更雅致严谨。

并列短语和并列分句，是由两个或两个以上的词语或句子相合而成的，这样的组合关系会给人一种错觉，似乎词与词之间、分句与分句之间是绝对平等的，在造句时可以不分主次、不讲先后、不论搭配地随意排列。但这是不可以的。并列的结构之间也存在着微妙的逻辑关系，因而在运用时就必须考虑它们的排列次序。时间关系、轻重关系、大小关系，以及简单到复杂、具体到抽象等逻辑关系都要考虑。对作家来说，这可能有点儿吹毛求疵，但并列短语和并列分句的位置问题本就是重要的考点，在中考和高考试题中经常出现，从严谨使用语言的初衷出发，若对教材中的失误视而不见是不恰当的。

第二部分

关于课堂教学设计

课堂教学设计最重要的预备工作是什么?

问：王老师，我觉得，要成功地备出一堂课有许多要素。您能告诉我们在进行课堂教学设计之前最重要的是做好什么工作吗?

我的思考：一定要进行文本特质分析。长久以来，我们缺乏区分文本特质的意识，以致在所有文本上都以大致相同的思路平均用力：文本解读使用大致相同的方法，教学设计遵循大致相同的思路，课堂教学呈现大致相同的模式。文本特质研究的缺乏使语文教学负重前行，造成了课堂教学的低效和无效。

文本特质与课型创新

——以苏教版初中语文 [①] 七年级上册的教材处理为例

什么是文本特质？我把它定义为：一个文本所具有的区别于其他文本的标志性属性。文本特质决定了该文本在课程内容、教学内容以及教材内容中的特殊地位，也就决定了围绕该文本采取的独有的教学策略。传统的初中语文教学除了有记叙文、说明文、议论文等简单文体分类外，基于"文本特质"的研究严重缺失。

对"文本特质"的思考来自对语文教学现状的反思。

我们理想中的语文教学应该是诗意的舞蹈，即主题明确、线条简洁、手法精练、内容适宜。我们在其他学科的课堂上确实经常欣赏到这样的美，但是在语文教学中，往往却是"乱花渐欲迷人眼"，山重水复总无路。语文课不知从何入手，语文课难上，这是令大部分语文老师头疼的问题。为什么拥有最丰富多彩的教学内容和最多姿多彩的教学文本的语文学科反而会出现这样的尴尬局面？原因是多方面的，比如教学内容的不确定性，教学目标的庞大繁杂，知识体系的混乱，能力梯度的模糊，等等。最不容忽视的原因在于，长久以来，我们缺乏

---

① 即江苏教育出版社出版的《义务教育课程标准实验教科书·语文》（7-9年级）。后同。

区分文本特质的意识，以致在所有文本上都以大致相同的思路平均用力：文本解读使用大致相同的方法，教学设计遵循大致相同的思路，课堂教学呈现大致相同的模式。语文教师被求全心理支配，期望课课全面出击、篇篇精雕细刻，最后的结果当然是捉襟见肘、力不从心，越上越不知道该如何上。这样的现象背后隐藏着巨大的浪费：教师精力的浪费，学生学习兴趣的消耗，学习时间的抛掷，更为重要的是对文本自身特质资源的浪费。文本特质研究的缺乏使语文教学负重前行，造成了课堂教学的低效和无效。

怎么办？我认为应当简化语文教学的内容和形式，通过"简化"达到"净化""纯化""美化"的目标，这是一条新的探索路径。

而简化的前提则是：就文本特质为文本细致分类，并在此基础上形成更加简洁易操作的课型。只有有效地区分文本特质，才能在备课过程中迅速地给文本定位，然后准确地选择教学方法，尽可能地减少备课和教学过程中的繁冗环节。

文本特质首先决定着课堂教学在教学内容上的择取。以苏教版初中语文七年级上册为例，根据文本特质，我把所有课文大致分为了以下几种类型。

一、主题型文本

大致相当于传统的"精读课文"。这一类课文一定是经典，而且是具有生命活力的、承担着传承文化责任的名篇。这些名篇和王荣生教授的"定篇"还有所不同，它起码要具有以下两个条件之一：第一，这个文本具有比较高的文化品质，值得引导学生去咬文嚼字进入内核；第二，这个文本可能是学生早就熟悉了的，但具有多角度解读的价值，能够推陈出新让学生豁然开朗，从而有效地提升学生的思维品质。

主题型文本是教材里经典之中的经典。语文教师要视这样的文本为至宝，要将文本研究透彻，要拿出具有全局意识的文本解读和教学设计。主题型文本的教学，以教师为主导，一是教思维方法和鉴赏方法，二是强化情感熏陶和思维提升。这样的文本，在整本教材约二十余篇课文（现代文）当中有三四篇即可。它应该成为能够体现每位教师风格的精品课或代表课。

在苏教版初中语文七年级上册中，我实际上确定的主题型文本只有两篇：一是第一单元的《安恩与奶牛》，二是第六单元的《皇帝的新装》。《安恩与奶牛》符合条件一，《皇帝的新装》符合条件二。其他的文本我觉得都不太理想。后来在单元重组中，我又给学生追加了一篇《丑小鸭》，原因在于这篇经典童话能满足上述两个条件。

在上这些课文时，我使出了浑身解数，尽可能发掘出激发学生学习兴趣的内容，寻找到新颖的角度，设计出丰富灵动的教学形式。我的目标是：这三篇经典的教学须"盛装登场"，要有震撼性的效果，给学生留下最深刻的印象。我达到了目标。在期末的问卷调查中，学生在谈到最难忘的课时，都谈到了这三篇文章的学习。

但实事求是地说，我们不可能对每一篇文章都投入这样巨大的精力。我们没有这么多的时间，我们的智慧也有限，学生学习兴趣的多样性也决定了不可能有一种教学形式能够包打天下。如果篇篇都这么教，其新颖独特性也就丧失了。所以，以教师为主导的主题型篇目的教学要倾尽全力，同时也要点到为止。

主题型文本的教学不着重于具体语言能力的训练，而是侧重于学生语文综合素质的提升。

二、语用型文本

全名应该叫作语言应用训练型文本，教材中的大部分课文都属于这一类型。此类型文本的定位是为语文减负，也为教师减负。就主题思想而言，理解这类文本几乎没有障碍，其外部特征是语言的多彩多姿，值得学生去积累应用。在教学这类文本时，就不宜在剖析主题上绕圈圈、耽搁时间，也不宜无视散文语言机变灵透的特点而在句子理解上大费周章，而应该直截了当地针对文本特点，组织学生去灵动地参与和语言有关的积累与训练活动。在传统教学中，我们着力较多的是重点词语的咀嚼和人物形象的分析，其他方面的语言训练则相对薄弱。其实，语言积累训练的途径很多。比如：

1. 词语句式的积累

如《往事依依》，我的教学目标是"积雅词、现雅境"，核心环节是积累课文中的四字雅词并灵活应用。《十三岁的际遇》的教学目标是"仿雅句、背雅段"，核心环节是提取课文中表达最灵活多姿的一些句式让学生朗读、仿说、仿写。现列举如下：

（1）不是……吗？不是……吗？但……

（2）不再是……不再是……不再是……而是……

（3）写人物群像的：有的……有的……这个……那个……或于……或于……

（4）点睛之句：……早已不仅仅是……它是……是……是……

2. 语言组织形式的训练

比如《端午日》和《本命年的回想》这类文章，我就极不同意把它们完全当作学生欣赏民俗的介质，这样做固然有趣，但显然是肥了别人的土，荒了自己的田。我们还是应该老老实实扎根于"如何写"本身，探讨作者是如何以趣成篇的。文本文字很简单，生活气息很浓，切入点也很多。我以"事件顺序的安排"为切入点，组织学生训练。具体方法是打乱《端午日》中描写龙船情景的一段文字，要孩子们重组。《本命年的回想》呢，我则是打乱了第四自然段，让各个小组在"文海"中各自搜索有效内容，寻找本小组负责的过年事件，安排好顺序，进行点评赏析。这样做其实是为了引导学生体会优秀文章的叙事顺序之妙，训练学生安排叙事顺序的能力。焦点集中的训练把文本价值用到了极致，富有语文味。

3. 语言表达专项能力的训练

第五单元的课文《斜塔上的实验》《事物的正确答案不止一个》《宇宙里有些什么》让一线教师普遍纠结，这些文章作为科普读物让学生读读还可，但若要作为任何一类文体的入门文章和示范文章，它们都挑不起大梁。所以我的做法是以"缩写"的方式引导学生去掌握文本大意。综观学生的"缩写作品"，不仅有散文和现代诗，还有四言、五言、七言古诗，甚至还有课本剧，孩子们的创造能力真的惊人。创造性的"读"和"写"把文本中令人纠结的部分淡化了，不仅有效地训练了孩子们的概括能力，而且让他们在生动活泼的训练中掌握了文本的思想精髓。

语用型文本具有无限开发的可能，任何一个语言知识点其实都能够在典型文本中找到"着陆"之处。如果我们的语言教学能够在文本的"着陆"之处再实现成功"着陆"，语言训练就会有本可依。如果我们再善于对相同类型文本进行整合，那么语言训练更会有章可依，语文教学的局面就会打开，而不至于像现在的教学一样，几乎是把所有的文本都当成主题型文本来对待，造成了教师精力和教学时间的极大浪费。而现在的公开课、优质课等比赛中呈现的也几乎都是主题型文本的设计，这其实是语文教学"不接地气"的表现。下沉教学目标，活化教学手段，做好语用型文本的探索工作，真的是语文教学的当务之急。

三、思辨型文本

没有十全十美的文本，教材中甚至有一些文本存在明显的缺陷，这其实也是一种独特的文本资源。巧妙并充分地利用好这些文本，对于培养学生深思慎问的质疑精神无疑是很有价值的。

以《为你打开一扇门》为例。编者应用这个文本作为七年级上册的开门课，其用意是值得称道的。但这个文本有两个缺点：一是说理过于理性，二是语言表达不是非常严谨，文本中病句较多（集中体现为多个并列性的分句前后顺序安排得不恰当）。由于文本缺陷的突出，所以我把这篇课文的学习定位为"思辨"——组织学生修改病句，帮助学生初步树立起挑战名家的观念。

但是，以教材为"靶子"的做法一定要慎重，因为现在的学生本来就喜欢挑错，宽容和理解他人的意识严重欠缺。如果处理不当，会助长这种不健康的情绪。在上《为你打开一扇门》时，我配之以《繁星》和《纸船》的学习，其中混杂着"作者真有错"和"作者其实没有错，是我们自己理解错误了"两种可能，在这样真正的"思辨"学习中，我们要让学生意识到，质疑问难是美德，但沟通理解是关键。批判之前必须理解，而且批判并不是为了打倒，而是为了建设。

四、写作型文本

这类文本的典型特征是整体或局部具有鲜明的写作示范功能，所以我们完全可以大刀阔斧地取其可用之处来作为学生的写作示范素材。

比如《社戏》，这样的名篇教学可讲之处实在太多。但其实较之于鲁迅的其他文本，《社戏》属于语言浅显好懂的一类。情节很清晰，人物个性也非常鲜明。按照一般的讲法顺着双喜和水生的性格去讲，我认为其实是教师的自作多情，对学生的训练价值并不大。倒是文本中描写人物心情的多种方法让人叹为观止，学生大可以从中受益。所以，在最近一次讲《社戏》时，我大胆地为教学"瘦身"，将教学定位为"写'想'也可以写得多姿多彩"。我先让学生尽情欣赏作者写"愁"、写"喜"和写"急"的精妙文字，总结出借助想象、动作、景物来描写心情的规律和方法，让学生仿写，效果非常好。

再比如，《春》用视觉、嗅觉、触觉来写抽象的事物，《济南的冬天》的舒缓的开头方式，《夏》中的动态比喻句等，这些写作点经过提炼整合，都可以成为生动有趣的活的写作素材。

五、诵读型文本

对语文老师来说，有些累是不必要的，因为我们太专注于讲。其实，作家既然"用笔如舌"（朱自清语），那么学习者自该重视"赏笔入耳"。对于散文艺术的欣赏而言，更为重要的是在忘情的吟诵中，自己去心领神会，从整体上去把握每一篇散文特有的魂儿（或者叫调子、味儿、神韵等）。陶渊明在《五柳先生传》中说："好读书，不求甚解；

每有会意，便欣然忘食。"他是懂得欣赏之道的。在常规教学中，我们不敢放手让学生读的原因在于受制于考点。诵读恰恰不是考点，而为了将其他考点"千锤百炼"，保证学生不失分，分配给诵读的课堂时间就极为有限了。大刀阔斧地创造"美读"课型，实践"美读"吟诵课，其实展示的是语文教师的语文良心和语文勇气。

在七年级上册的教学中，我还时间于诵读，把《春》《济南的冬天》《夏》《天上的街市》《蔚蓝的王国》彻底处理成了"美读"吟诵课。在期末的问卷调查中，这几堂课也是最受学生欢迎的课。

六、拓展型文本

这样的文本其实是跳板，或者说是活的广告宣传，将带领学生进入辽远的阅读世界。比如《伟人细胞》一文，如果以文论文，哪怕是以学生最喜欢的辩论方式辩论"贾里到底是否具有伟人细胞"，其实也还是隔靴搔痒。如果学生不由《伟人细胞》进入《男生贾里》和《女生贾梅》，乃至秦文君的更多优秀作品中，其教学都是有遗憾的。

我曾经以《冰心诗四首》为跳板，组织了综合性学习课"华山论诗"——赏读冰心、泰戈尔、汪国真三位诗人的小诗，较其高下，摸索小诗创作的技巧并尝试创作。这其实就是把《冰心诗四首》当作拓展型文本使用。

以上列出的六种文本类型是我自己认为在教学中出现频率较多的类型，其实在教学实践中还有更多的类型出现，需要我们不断地提炼和总结。对于一个文本而言，其价值可能兼跨多种类型，但必然有一个"主打类型"。我们在教学设计的时候，一定要立足于这个"主打类型"，攻克某一个教学目标即可。课堂时间有限，文本生命力无限，什么都想教的结果是什么都没有教好。所以，全面出击往往不如定点突破，"一课一得"永远是硬道理。至于文本的"附属类型特质"的处理，可以作为"主打类型特质教学设计"的铺垫内容，也可以和其他文本的"附属类型特质"组合形成新的课型。总之，这其中有非常大的创造空间，我还将在以后的文字中慢慢叙来。

以上是我对文本特质的粗浅思考，仅仅是个开端，以此就教于方家。

《社戏》的两种处理方法

由于在进行文本特质的研究，我决定用主题型文本和写作型文本的处理方法对《社戏》这一经典文本进行开发。

第一种方式是把《社戏》当主题型文本来处理。抓情节，析人物，论主题。要咬文嚼字，要重锤敲打，要字斟句酌。方式呢，我不讲，让学生讲。让孩子讲孩子的事，他们会体悟得更真、更深。

在具体操作时，一堂课就是一场辩论赛。确定正反方的时候，我抓住最后一句"真的，一直到现在，我实在再没有吃到那夜似的好豆，——也不再看到那夜似的好戏了"。我揪住"真的"两个字，采取删除替换的方式让学生琢磨鲁迅微妙的心理——越是想要强调与求证"真的"就越可能不是"真的"。看来，戏好不好、豆好不好大有文章哟！

我让男女生抽签确定了正反方——

正方：戏好，豆也好。

反方：戏不算好，豆也不算好。

然后要求孩子们素读课文，紧扣情节，咬文嚼字，字斟句酌，准备辩论。

结果，两个班的辩论都风起云涌。围绕着"好"字，我不断地推进辩论内容——

第一个层次：戏和豆到底好不好？

第二个层次：《社戏》中最"好"的是什么？

第三个层次：重点辩论谁是《社戏》中最"好"的人。

第四个层次：让学生归纳总结《社戏》"好"的实质。

总之，这课上得高潮迭起。两个阵营的辩论激烈精彩，简直停不下来，几乎每一个孩子都举手阐述了自己的想法。那种百花齐放的课堂状态是我梦想中的青春语文的状态。每一个孩子的言说欲望都被点燃，每一个孩子的智慧之火都噼里啪啦地燃烧着。课堂，美极了！快乐极了！而一旦孩子的精神被彻底释放，他们的创造力真是让人惊叹。特别是辩论"最好的人"的阶段，最有趣，最灵动，最实在。在辩论的总结阶段，孩子们谈到了许多的"好"：人性之美好，童真之美好，人与人之间关系和谐之美好，文化之美好，古拙世风之美好，人群之美好，自然之美好，人与自然相融之美好，过程之美好，幻想之美好，"不好"当中的美好……许多感悟甚至有了一点儿哲学的味道。我想，鲁迅如果坐在下边听课，一定高兴得不得了。

我就略略点评、点拨了几句，孩子们不给我时间。他们已经说得很好了，确实不需要我再啰唆了。

语文课就是这样，有时候，一个好问题就是一种解放，一种好形式就带来一次释放。以前讲《社戏》也有失败的时候，失败的原因几乎一样，总觉得处处可讲，于是处处都去讲，结果既苦自己，又害了学生。

相信学生，这是好课堂的不二法门。

以上为主题型文本的处理方式。

第二种方式是把《社戏》当作写作型文本来处理。

教孩子们写什么呢？要教点新的，实实在在有用的。我觉得，鲁迅写心情写得特别出彩，孩子们特别容易模仿。我们来看他写"急"——因为没有船看不成戏而着急。着急是一种抽象的心情，怎么写？鲁迅很聪明，他先写"我急得要哭"，点出"急"。这是典型的直接写、正面写。然后写因为"急"，"我"产生了幻觉：**我似乎听到锣鼓的声音，而且知道他们在戏台下买豆浆喝**。这句子非常精彩，激烈的情绪使"我"有了幻想。很有意思的是，他没有用"急"字，但写得很到位。

接下来的一段，鲁迅换了个写法，也还是不用"急"字，而是写了"我"的状态——"不钓虾，东西也少吃"，其他孩子都"高高兴兴的来讲戏"，"只有我不开口"。此处交待了"我"的行为，在这个"不开口"中，我们能感觉到，"我"已经"急"出生活常态了，要"急"出毛病了。

写"急"写得很简单，三句话，三个角度，三种法子，各得其妙。

接着是写"高兴"。因为双喜想到八叔的航船回来了，可以去看戏了，我的心情由"急"而"喜"。怎么写呢？鲁迅的方法更丰富。

第一种法子还是直接写，写了四个字：我高兴了。

第二种法子跟写"急"一样，也写"幻觉"：**我的很重的心忽而轻松了，身体也似乎舒展到说不出的大**。这是快乐带来的幻觉。因为快乐，所以放松了，膨胀了，要飞升飘扬了，恨不得全世界都能看见我。当一个人志得意满的时候，会觉得自己比天高、比海宽。倒霉的时候则相反，身体会收缩，会变得沉重，主观上是一种躲避，希望被世界忽略遗忘才好。以身体的幻觉来写"高兴"，非常高明，人人读了都感同身受。

第三种法子也跟写"急"是一样的，写动作，写状态。主要有两句，第一句是"我们立刻一哄的出了门"。这个"一哄"可以带领学生好好体会。因为这两个字中有声音，有动作，有神态，有心情，有群体形象，也可以想象出个体表现，用词朴实，但经得起敲打。第二句"大家跳下船"也写得好。它和前边的"一哄"相呼应，如果换为"大家下了船"，就一点意思都没有了。"跳下"一词同样也是有动作、有声音、有场面，把"高兴"写得活灵活现。

但比起写"急"，鲁迅有了新法子，那就是写环境。非常经典的一段文字是"两岸的豆麦和河底的水草所发散出来的清香……"。各种参考资料对这段文字已经分析得太多了，我不再多说。为了扣我的写作主题，我和学生关于这段文字的对话一定要有意思。我问学生，如果不是高兴，而是焦虑，还能闻到清香吗？如果是焦虑，那淡黑的起伏的群山会像什么呢？如果是焦虑，那"歌声和乐声"还是歌声和乐声吗？我换个情景让学生一想象，教学就变得非常有趣。学生会说：那山啊，像监狱，像锁链；那船啊，拖都拖不动；那乐声，像夜半鬼叫……这样对话，就是要让学生体会用景语来写情语的妙处。

其实讲到这儿，方法已经够丰富了。如果不够，还可以继续，《社戏》中的资源应有尽有。

比如写"倦"——戏不好看，我疲倦了。我理解，那既是身体的疲倦，也是心理的疲倦。可应该怎么写呢？

和前边既相同，也有不同。有直接写的：我有些疲倦了。鲁迅也用大白话表达的，写得清楚明白。也有写幻觉的：只觉得戏子的脸都渐渐的有些稀奇了，那五官渐不明显，似乎融成一片的再没有什么高低。

但接下来很精彩。没有写环境，而是写了一段情节，即老旦的出场表演带来的心理的微妙变化。这段文字，妙在"虚词"。比如"然而老旦终于出台了"一句中的"然而"和"终于"，比如"那老旦当初还只是踱来踱去的唱，后来竟在中间的一把交椅上坐下了"一句中的"只是"和"竟"，"不料他却又慢慢的放下在原地方，仍旧唱"一句中的"却"和"仍旧"。你看，这些虚词，哪个后边没有一个"倦"字支撑着呢？这样的间接描写，不着一字，却妙趣横生！特别是"老旦终于出台"的"终于"，细细琢磨其中的韵味，很能引发学生争论，实在是妙不可言。

总之，要把抽象的心情写实，写得鲜活，写得生动，写出新意，鲁迅先生算是殚精竭虑了，当然也是妙笔点染。对于高手而言，靠的更是直觉吧。而这种直觉，来自对生活的真切细腻的感受。

就这样，我带着学生读一读，赏一赏，提炼提炼，写心情的法子就出来了。再找两篇平时写得好的学生随笔加以印证，设置情景给出题目当场赛练，这课虽没有辩论课那么激烈精彩，但也上得挺实在的。

这样上，便是写作型文本的处理方法。

最好的课堂模式是什么？

问：新课改之后，各种各样的教学模式接连出现，层出不穷的课堂组织形式也让我应接不暇。请问到底哪种课堂组织形式是最好的?

我的建议：如今教育界的"模式"泛滥，甚至形成了所谓的"模式旋风"。而事实上，我翻查了一下资料，专业研究中的"模式"指的是教学活动的基本结构或者框架，是介于理论和实践之间而偏向理论的东西，它并不是太具操作性的东西。如今流行的所谓"模式"只是操作说明书，其特点是拿来就能用，离真正的"模式"还差得很远。在这个意义上，我认为，没有最好的课堂模式，也没有永远适用的课堂模式。变化最美，创造最美。根据自己的学生需求，根据自己的教学特色去不断创新，乃是出路。

立足"常式"，开发"变式"，创新课型，激活教学

一名成熟、优秀的教师必然会追求课堂教学课型的丰富多彩。

使课型多样化的要素很多，我认为其中有两个重要因素不容忽视。一是课堂教学外在的基本组织形式的不同，二是教材教学内容选择的不同。这两个"不同"充分地体现在教师如何安排课堂教学的"第一步"以及如何取舍重组教材内容上。课堂教学要有"常式"，更要有"变式"，"常式"和"变式"相结合，课型就能不断创新，课堂教学就有可能永远充满活力。

试从课堂的组织形式方面来谈谈"常式"和"变式"的问题。

一、两种"常式"

1.教师导学型

这种教法，重整体筹划，重预设，重有准备的引导，教学的每一个细节都比较精致。在新课改实施以来的相当长的一段时间内，这种课遭受了质疑，因为专家们认为课堂上高度受控的导读将学生引向了单向思维的死胡同，难以激发学生质疑问难的兴趣和意识。老师那不无"启发"的循循善诱，反而会禁锢学生的自由思想，成为"课堂杀手"。这种课型有变"导"为"套"的嫌疑。

其实没有一种课型是十全十美的，有其长处，就必有其短处。从

宏观来看，这种课的设计主动权是抓在老师手里的，但这并不能否定教学在微观之处的动态生成。而且，把学生引向教师设定的目标本身也没有什么错，只要这个目标是正确的，是符合学生实际的，就应该承认教师引领的价值。俗话说"条条大路通罗马"，让学生去翻山越岭的同时，也允许他们走一走高速公路，这其间同样也有好风景。

上课就像画画，先把工笔画画好，再尝试写意画。教与学也是如此。"精雕细刻"地磨课可以深化教师对教材的理解，可以锻炼教师的驾驭能力，这是得到历史证明的。我们可以说，任何名师，都有精雕细刻地设计课的经历。对于把语文课上得和艺术品一样精致，有人持怀疑态度，其实大可不必。只要不是造假，青年教师多上"精致"的课，学生常听"精致"的课，其收获都会是扎实的。

预设的能力、设计的能力永远是教师最重要的教学能力。

当然，这仅仅是多种课型中比较规范的一种，不能所有的课都这么上。也就是说，教学的开端，站在第一位的不能始终是老师。

2. 学生质疑型

有一类课文，或者文字比较简单，或者学生对其情节和主题都比较熟悉，此时如若精心设计、步步导引，很可能使教学变得索然无味。这类课文，可以放手让学生提问，从学生的提问入手确定课堂重难点，以求教学更有针对性。

这是一种纯"生成"的课，以学生的质疑为起点，靠教师的机智应变推进。

比如《丑小鸭》的教学，十个学习小组提出了十个表面看来比较怪僻的问题——

问题一：为什么美丽的天鹅——丑小鸭，会出生在鸭群中？

问题二：如果丑小鸭一生都生活在鸭群中，没有遭遇歧视，那么他的命运是悲惨的还是幸福的？（和问题八组合：假如丑小鸭出生于一群天鹅中，他还会不会遭到歧视呢？）

问题三：如果丑小鸭一开始便安于生活在鸭子中，他还会获得天鹅的美丽吗？

问题四：丑小鸭为什么会认为自己是丑陋的鸭子，而不是美丽的天鹅呢？（和问题九组合：丑小鸭的自卑心是别人强加的，还是自己日益增加的？）

问题五：是否只有变成天鹅才能让丑小鸭找回自信？

问题六：现实生活中的"丑小鸭"真有故事中的丑小鸭那么幸运吗？

问题七：如果丑小鸭一出生就知道自己是一只白天鹅，故事会如何发展呢？

问题十：为什么丑小鸭在经历了无数磨难之后，依旧执着地去追逐天鹅？

这些问题也激发了我深入思考文本的兴趣。我遵守了自己的诺言，从学生的问题开始进行教学，师生的共同努力使《丑小鸭》这篇经典的解读有了很多的突破。

不教学生已懂的，只教学生不懂的，这样的课是新课标理念提倡的一种课型。其优点不必多说，它真正地以学生为主体，落实了"备学生"的要求，符合阅读鉴赏的基本规律，课堂是完全开放的。但这样的课也有缺点：学生提问的质量很难把握，课堂随意性较大；教材经常被肢解，很难给学生呈现一个完整的面貌；对教师的素质要求很高；中差生在这样的课堂上容易变得更加被动、更加沉默；教学目标的实现要承担比较大的风险，等等。

比较好的做法是，"教师导学型"和"学生质疑型"两种主力课型能穿插起来使用，前者侧重教规范、教程序、教方法，后者侧重教勇气、教灵活、教智慧。

如果两种课型能够融合，则是上佳。当然，这又是另外一个话题了。

二、三种"变式"

1. 教师聆听，确定教学重点

这种教学方式也是一种"生成"，但不是一开始就大刀阔斧地让学生提问，而是教师聆听了部分学生的学习汇报之后，就学生的学习成果质疑，然后就这些疑问展开第二轮学习和讨论。

具体实施方法有两种。对篇幅较长、难度较大的文章，提前安排自读自学。这种课型一般不对学习重难点进行提示，关键是要求学生在不看参考书的前提下就这篇文章提出自己的看法。上课之后，第一个步骤就是让两个到四个层次不同的学生各自做自学汇报，让他们畅所欲言，教师则认真倾听。学生讲完后，教师根据学生的发言给予肯定或质疑。这些"肯定"和"质疑"就是课堂教学的重点。

如果课文比较短，也比较简单，可以采取现场即兴自学的方式，让学生现场自学，现场做汇报，然后教师提出研讨重点。

这种课型也是很有挑战性的课型。学生和教师都在浪尖上舞蹈，教师的聆听能力、鉴别能力、组合能力等方方面面都要受到挑战。传统教学是老师教、学生问，这种课型是学生教、教师问。教师问的水平如何，导的水平如何，将直接影响课堂生成的质量。但这是一种有效的前瞻性教学，既有针对性，教师的调控也更加主动。

在《从真和诚想到的》这篇教学后记中我描述了两个教学片段。

一是我在自己班上艾青《我爱这土地》的时候，张慰慈、何语婷、杨之默做的中心发言。这次发言很巧，恰好是一个语文优生、一个语文中等生和一个语文"忧生"同台，同样是没有任何准备和任何参考书。张慰慈一上来，开口就是情感基调、写作背景（根据诗歌后的日期判断的）、主题形象等，全部都是对这首诗歌的宏观解读。何语婷第二个发言，她谈了三个问题，第一是为何诗歌里要把自己比喻成一只鸟，第二是"温柔的黎明"的象征意义，第三是她对"腐烂"一词的理解。明显可以看出来，何语婷整体感知的能力是比张慰慈略差一些的。杨之默是平日里比较腼腆且偏理科的小姑娘，这次她也谈得不错。她重点谈了自己对"嘶哑"一词的理解，还有"土地""河流""风""黎明"这一组排比句的共同含义。

你说，我还讲什么呢？我想讲的，学生几乎已经全讲到了！

在那节课上，我结合背景给学生讲了热播剧《京华烟云》的最后一集，那是最能呼应"然后我死了，连羽毛也腐烂在土地里面"的内容。其余大部分时间，我们都在朗诵，朗诵得回肠荡气。后来还即兴仿写了，写得很不错。

二是在九班上课的片段。九班的情况要复杂一些，学生的发言内容出现明显的误差。龚瑞说这是一首乡愁诗；徐丹分析"嘶哑"一词时，说自己从中感受到了"豪情壮志"；王鹏飞说这首诗前后两个部分结合得不紧密——既然"我"都已经"死了"，怎么会"眼里常含泪水"呢？他还生硬地分析，说"常含泪水"的"常"就表明了对土地的爱。

这节课上得不如我自己班上那么丰富，但是我们扣紧发言人的发言中的分歧问题讨论得很热烈。通过对"这首诗是不是乡愁诗"等几个问题的辨析，艾青这首诗还真被我们揉搓了个遍。

我给这堂课的评分更高。为什么呢？前一堂课是学生帮我教了，而这堂课我是教了自己该教的。

2. 小组合作，各司其职

这里的小组合作学习并非一般意义上的在教学过程中实施的小组即兴讨论，而是从整篇课文设计的角度出发，让各个学习小组在自学的基础上各司其职、各有重点，以小组主讲的方式推进整个班级的学习。

我把全班六十名学生分成十个学习小组，转变课桌摆放的方式，让十个小组在座位上完全集中、相对独立，号召各个学科都改变传统教学中以教师为中心、以黑板为中心的习惯，力争以学生为中心，大力提倡小组合作学习。

在整合学习《伤仲永》和《孙权劝学》这两篇文言文时，我对各个小组提出了侧重点不同的预习要求。第一、二组把《伤仲永》改编为课本短剧，第三、四组把《孙权劝学》改编为课本短剧，第五、六组分别负责这两篇文章的重点字词、重点难句的讲解、提示，第七组和第八组负责尽可能地从更多的角度来比较两个故事的异同点，第九组和第十组主要负责质疑。

虽然这样安排很简单，但是能令各组的任务明确，课堂教学梯度明晰，循序渐进。学生参与度高，热情高，再加上教师的巧妙调控，锦上添花，教学气氛和谐而热烈，效果也很好。

同理，在整合学习《从百草园到三味书屋》和《社戏》的时候，我安排小组分别负责"儿童眼中之景""儿童难忘之事""儿童眼中之人""儿童心中之情"的研究学习，教师在其中穿插、点拨、总结、对比、归纳，教学效果也很好。

这类课型适合知识点清晰或者教学板块容易划分的课文。

3.分组对抗型学习

追求课堂教学的活力，是教师永远的梦想。对初中学生来说，调动他们的积极性有一个最简单的法子，那就是比赛。可以说，这个法子对中学生永远有效。这里的比赛，不是指课堂教学过程中微观细节的比较，而是指整体课堂设计采用比拼的形式。只要设题合理，循序渐进，教师的调控科学，对抗赛这种形式完全能承载起学生对语文的兴趣性学习。

一般来说，所有的教学内容都可以巧妙变为比赛内容，比如速读、复述、朗读、字词听写、文章结构列表、重点词语分析、主题概括、背诵等，形式的转变会使教学呈现出完全不同的面貌。

对于复习课，比赛更是一种好方式。在初一下学期的诗词积累复习中，我就采取了男女对抗的方式。比赛分为两个对抗组，由老师主持，一名学生记分和监督。每组派出一位同学作为组长负责协调安排。两组抽签选择 A 套题或 B 套题，题目分为必答题和抢答题，抢答出现错误扣一分。

必答题如下所示：

一、老师读上句，请背出下句。（一句 1 分）

二、请说出诗词的作者。（一首诗 1 分）

三、老师读首联，请背出全诗。（每题 5 分）

四、老师读出某首诗歌中的一个句子，请背诵出全诗。（5 分）

五、请各派一位同学上黑板默写指定的诗歌。（5 分）

六、各派五名选手合作接龙背诵长诗《琵琶行》，每人两句。（5分）

七、《论语》知识问答。（5分）

抢答题如下所示：

一、请一口气列举出李白的五首诗的诗名。（5分）

二、请一口气列举出杜甫的五首诗的诗名。（5分）

三、请背诵文天祥的《过零丁洋》。（5分）

四、请说出诗句的作者和诗歌的题目。（5分）

五、华夏文化讲究曲折美、层次美，常建的《题破山寺后禅院》一诗中有一句就表达了这种美学思想，请说出是哪一句。（5分）

六、做人要百折不挠，不要沉溺于往日的失败和痛苦中。要勇敢地走出过去的阴影，勇往直前，创造灿烂的明天。刘禹锡的《酬乐天扬州初逢席上见赠》中哪一句诗表达了这种思想？（5分）

七、请选择下面这句古诗中的其中一个字作为开头，说出一句古诗词。（一句2分）

八、诗句接龙。以诗句的末尾一个字为开头，说出相应的诗句。（接一句2分）

九、请列举含有"雪"字的诗句。（一句2分）

十、以"春"为题，现场作绝句一首。（5分）

学习以比赛的形式推进，气氛热烈，激情盎然，效果一般都很好。

备课一定要"备学生"吗?

问:师长们常常强调备课要"备学生",可是我看到很多公开课授课教师根本没有机会去了解学生也能够把课上得很好。"备学生"真的那么重要吗?

我的思考:常规的课堂教学是为具体的学生服务的,教学设计必须针对学情。如果没有了解学情的公开课真的成功了,那是因为教师的教学定位恰好暗合了学情。但是,不备学生的教学是悬崖上的舞蹈,很容易一脚踩空,摔得难看。现在有很多时髦的理论,比如"因需设教",我觉得都很好,因为它们证明了我们教师有自己的思考。只是我们还需要审慎辨析:这里的"需",既有浅层次的、显性的"需",也有隐性的、深层次的"需"。有些需要,学生自己事实上是不一定知道的,因此教师的帮助就是一种"备学生"。

"备学生"漫谈

这些天闲下来的时候，我总在琢磨那堂自以为一定会成功结果却比较失败的研究课。为什么会失败？有没有可能不失败？如果又碰到类似的情况，应该怎么处理？

无独有偶，我又到一所名校听课，恰是三位老师的"同课异构"。除了本校老师之外，其他两位老师也遭遇尴尬。但跟我遭遇的学生死不开腔的情况恰恰相反，这回是学生太强大，老师根本抵挡不住。一位老师备课太浅，学生争先恐后地起立发言，思路开阔，融贯中西，完全超出了老师的预设。学生滔滔不绝，离课堂越来越远；教师点评引导虚弱，几乎没有还手之力。这堂课，老师被学生撂在了一边，甚是可怜。另二位老师备课太琐细，处处挖坑，不厌其烦地讲，没有给学生充分活动的时间。结果，一群本身跳腾的孩子上课伊始还跃跃欲试，但渐渐发现展示无门，没有多久就恹恹欲睡了。整个课堂，老师累得要死，学生闷得要死。听课的老师急啊，学生能力这么强，如果把教师的讲解砍掉三分之二，让学生多点儿折腾的时间，这课就活了啊。

看来，课堂的"病症"真是人人不同，课课不同，复杂得很，鲜活得很。这水太深，不多呛几口水，是探不了深浅的。

我在别人的课中看到了自己的问题。我们仨失败的原因其实很简单：不了解学情。借班上课，没有途径和时间去研究学生，所以在备课的时候，也没有充分地去"备学生"。我如果知道我上课那个班的孩子的个性特质，在教学内容和教学方法上就应该有所调整。有的班喜欢热烈地表达，有的班喜欢静思默想，针对其特点，内容和方法都应该是有选择的。而且最为关键的是，你对学生有所了解，你对学生课堂发言的期待值就会调整到合宜的程度，不至于因为期待太高，热脸贴到人家的冷屁股上，自己就乱了分寸；也不至于期待太低，在学生表现过于出色的时候，自己却因准备不足而捉襟见肘，应对无方。

我想，如果我再遇到上次那样的孩子，我应该更勇敢。如果察觉到学生对教学内容不感兴趣了，那就没有必要再努力推进，或是另辟蹊径，或是和学生对话，获取现实学情，然后再随机应变。交流的方法也很重要，事实上你很难用相同的方法打开所有学生的心门，但尊重是必需的。一位前辈曾点拨我：你们这些川妹子，说话总有点儿咄咄逼人的味道。我大悟。这毛病，别人不说出来，自己可能还真感觉不到。课堂语言应该更规范、更简洁、更雅致、更从容。我呢，比较急，比较随便，激情有余，强势却也掩藏不住，确实还应该修炼。

总之，我得到的教训是：没有永远合宜的教学内容，哪怕这些教学内容曾经强烈地激发了孩子们的学习智慧；也没有永远合宜的教学方法，哪怕这些教学方法曾经极大地调动了孩子们的学习热情。

事实上，就是同一个班，也有学情的变化。如果想循着旧规划、旧教案做事，也是行不通的。

我教的其中一个班，基础比较差，又是参加完社会实践刚回来，学生躁得厉害，上课时总是心神不宁，课堂效率很低。若是放假前最后一节课，那更不得了，学生的注意力完全涣散。我讲《于园》，才开讲一段，就发现没有几个孩子在状态中。这么讲下去，熬完一节课，效果想都不敢想，师生也都痛苦。

我决定不再忍受，把书一扔。我说："小家伙们，不讲了。明天过节了，我们来诵诗吧。《于园》放假回来再学，这节课我们诵诗，迎接小长假！"

教室里一下子就炸开了，几十个孩子如天下大赦般欢欣鼓舞，全无一分钟之前疲惫磨蹭的难受劲儿。

于是，我让孩子们翻到诗歌单元，组织男女生进行诗歌诵读比赛。好了，这"最后一课"风起云涌、斗争激烈，几个平时从不朗诵的孩子甚至也冲到了台前。

下课后，我摸摸还在激烈跳动的心脏，心想：好险！如果不正视今天的"学情"，及时调整教学内容和教学方法，这课该上得多么郁闷，恐怕连我自己等待假期的好心情也被毁了。

每一次失败之后都难免沮丧，但最深的感觉却是，每一次失败都来得恰到好处，正当其时。正是在这样的碰壁中，我们得以反思自己，调整自己，寻找新的方向。

那堂失败的研究课之后，我又上了两堂挺重要的课。我感觉到了自己的变化：在课堂上，我变得更耐心了，更能够等待了；在学生不说话的时候，我也不再心慌了。

再等十秒钟，再等十秒钟，耐心地等，心平气和地等，微笑着等……在这两节课上，我发现自己的等待竟然全部奏效。

老师在课堂上修炼的难道就是"再等十秒钟"的智慧？我想，也许是的。

常用的教学技巧有哪些？

问：听您的课，总觉得您的教学手法变化无穷，课堂特别灵动。我想问：在起步阶段，您最常用的教学技巧有哪些？

我的建议：看课，不仅要看"手法"，更要看"心法"。看手法也是为了逐步掌握教学的心法。其实，技巧永远是有限的，我常用的方法也不过是诵读释疑法、联想想象法、比较创新法、创设情境法、穿插拓展法、慎思质疑法。以下所示，都是我早期教学的案例。

绝 唱

——记《岳阳楼记》美文诵读课

这是一堂古文课。

这是一堂以诵读为唯一学习手段和学习形式的古文课。

这是一堂没有教师的讲解而希望通过诵读来达到所有教学目标的古文课。

我们的课题是《岳阳楼记》。这篇文章我已经执教过好几次了，而这一次，是最有悬念且最令我期待的。满怀期待的不仅是我和我的学生，还有济济一堂的听课老师和外国专家。我们期待爆发，期待共鸣，期待跨越……

我们的学习是从著名朗诵家童自荣先生的录音朗诵《岳阳楼记》开始的。童先生的朗诵整整持续了两分钟，教室里寂然无声，音乐深沉回响，朗诵高潮迭起。我们似乎见到了童先生站在舞台上，慷慨悲壮，长衫飘飘。音乐结束好一会儿了，我才缓缓地问："孩子们，听了童先生的朗诵，你的心情怎么样？童先生在朗诵的处理上给了你哪些启示？"

如此动人的诵读，孩子们怎么会没有话说？孩子们纷纷举手，没有举手的孩子眼睛也亮晶晶的。

谷雨说："童先生读得我心中沉甸甸的，但又是回肠荡气的。童先生在开头第一自然段完全是用平淡的说话的口吻来读的,这样就为他后来情感高潮的到来蓄了势。童先生对每一段文字的处理都不一样,轻重缓急、抑扬顿挫,语调变化丰富而自然。我们的心时而在波谷,时而在峰顶,真是经历了万水千山啊!"

何语婷说:"没有想到就是两个'登斯楼也',童先生也处理得完全不同。第三自然段他读得异常缓慢,读出了步履的沉重和迟疑,读出了'忧谗畏讥''感极而悲者矣'的沉痛。而第四自然段他读得明快欢乐,读出了步履的轻盈而舒展,读出了'宠辱偕忘''其喜洋洋者矣'的乐观和自得。"我提议让她来效仿一下,何语婷果真来一对比朗读,赢得了满堂喝彩。

刘宏达说,如果他来朗读"先天下之忧而忧,后天下之乐而乐"这句,是一定要把它作为高潮来处理的,两句都要读得重,而且后一句要比前一句更重。可是童先生的处理很耐人寻味,"先天下之忧而忧"读得气壮山河,而"后天下之乐而乐"却越读越轻,渐至无声。这是为什么呢?刘宏达的发现引发了同学们激烈的争论。最后大家终于理解,这种处理照应了前文的"进亦忧,退亦忧",强调了范仲淹的"居庙堂之高则忧其民,处江湖之远则忧其君"之"忧",这样读正可以读出范仲淹的喜忧价值取向。这种设计,可以引导听者对文本进行深入的涵泳和挖掘。创造性地朗读就是对文本创造性地演绎啊!

最让人难忘的是陈熙之的发言。她说本来结尾只有一个"吾谁与归",但童先生读了两次,第一次读得很轻,但语气很沉痛,而第二次却读得高亢悲壮,撼人心魄。她认为这个地方是全文处理得最精妙的地方。第一次轻读,是沉思的范仲淹在寻寻觅觅、喃喃自语、叩问心灵。

而第二次却是激愤的范仲淹在叩问天地，在茫茫宇宙之中寻找自己的志同道合之人。以这种声嘶力竭的方式来读，入木三分地表现出作者的孤独、痛苦和坚决。小姑娘边分析边仿读，仿得惟妙惟肖、激情洋溢，令听者无不动容。

伍勇俊谈的是重音的处理，牛晓通过模仿对比了语气，高洁强调了拖音的应用，杨羚箐分析了音乐的呼应，何语婷甚至谈到了童先生处理得不够好的几处地方，令人印象深刻。同学们神采焕发，侃侃而谈，手舞足蹈，倾情模仿。我惊讶地发现，没有了细致的点拨，没有了冗长的讲解，孩子们却更能入情入境了。童先生的诵读推开了他们情感的心门，闪亮了他们智慧的双眼。在品评之中，我们的心灵登上了壮丽的岳阳楼，并越登越高，从仰视范仲淹到走进他的内心世界，我们的眼前真是"浩浩汤汤，横无际涯，朝晖夕阴，气象万千"了。

教室里的气氛越发热烈之际，我趁势号召："同学们，朗诵本就是一项创造性极强的活动。童先生有自己的处理，我们根据自己的理解肯定也有我们自己的设计和处理。来，让咱们找出最喜欢的段落或者句子设计朗诵、展示才华。"

教室里出现短暂的沉默，我感受到了孩子们的犹豫。童先生朗诵的起点太高了，这种表演性的舞台朗诵毕竟和平时的朗诵不一样。孩子毕竟还是孩子，他们担忧自己的普通话不够标准，担忧自己的设计太平庸……我理解这种沉默。

但沉默只是短时的，蒋云淞第一个举起了手。

蒋云淞不算班上朗诵最好的孩子，甚至一直是腼腆内向的孩子，他的带头便是一种无声的号召。他的声音是低沉的，情感的处理还很稚嫩，但可以听得出他在努力地寻找一种感觉、营造一种气氛。从孩子蹙起的眉峰上我看到了他对朗诵本质的执着靠近。掌声雷动，孩子们的诵读热情被这个内向的孩子不同寻常的表现激发了。

接下来便是风起云涌、精彩纷呈的诵读场面了。

我几乎没有时间说话，也没有机会说话，孩子们一个个踊跃地举手站起，用各自的声音演绎着对《岳阳楼记》的理解。刘宏达的语速快了些，但他的抑扬顿挫让人叫绝；李想的声音还很单薄，但她的重音和语速总是恰到好处；于西南的语音平了点儿，但她的情感非常饱满；张慰慈的普通话并不标准，但他进入情境特别真诚……为了让孩子们有所对比，我让五个学生分别起来设计了"衔远山，吞长江"一句。五个孩子精神抖擞，情绪饱满，用不同的声音和设计把这个描绘洞庭湖全景的句子演绎得"气象万千"。而他们对自己的设计的解说更是让人慨叹孺子不可小视啊！

其中，最让人难忘的是谢劢和杨雅云两个小组的创造性朗读。谢劢小组用的是"复读"——关键句子重复朗读的方式。两个男孩和两个女孩配合着演示，每一次的反复都掀起一个小小的高潮。杨雅云小组提出了"轮读"的理念，两个女声部一前一后，造出了一波未平一波又起的气势，直把"其喜洋洋者矣"一段读得流转轻扬，美不胜收。最妙的还是孩子们的建议。一个孩子说第一声部的声音可以大一点儿，第二声部声音小一点儿，这样形成声部落差效果会更好；另一个孩子说他们朗读的速度可以再快一点儿，以显示出情绪的明快；还有一个孩子说几个同学的表情比较生硬，笑容应该灿烂一点儿，眉宇之间应该活泼一点儿，以展示足够充盈的快乐。

这些发言让笑声挤满了课堂。此时的课堂已经不像课堂了，而像一个诸多朋友围炉而坐的温暖茶室，充满了跃跃欲试的躁动和心心相印的感动。

多么不舍得结束这个教学环节啊，但是必须结束了，因为离下课只有十分钟了。我说："孩子们，刚才是我们的个人和小组朗读智慧与才艺的展示，现在，让我们用集体的力量来共同展示《岳阳楼记》的美。"

这个环节是上课之前就设计好的，对两位领读的同学——姚未来和代东航，我还专门辅导了一遍。

《赤壁怀古》的音乐响起，深沉的钝响撼动着教室，冲击着人的心扉。对两个孩子的领诵，我有把握。这是两个与朗诵有缘的男孩，一个男孩的语文笔试成绩也很好，而另一个男孩的笔试成绩一般。但相同的是，这两个孩子的朗诵都特别投入，因为朗诵而浑身闪烁着智慧和才气。所以从初一开始，我就非常重视在朗诵上培养他们，发展他们这方面的潜质。这个现象告诉我：就是在语文单科上，也还是存在多元智能的啊！

姚未来是浑厚的男中音，代东航是嘹亮的男高音。一个活泼，一个稳重，因此他们对文本的处理便有了独特的风格。朗诵的形式是相同的，但不同的个性演绎出来的效果却不同。整整两遍的表演领诵，直诵得整个教室波澜起伏，直诵得每个孩子双颊泛红，豪情冲天，欲罢不能。

但这还不是整堂课的最高潮。

当代东航的第二遍"吾谁与归"还余音绕梁的时候，我满怀激情地说："千百年来，无数的仁人志士深情地回应着范仲淹'吾谁与归'的呼唤，为中华的历史写下了壮丽的篇章，来，让我们听听历史的回音！"

我们的朗诵课，是在二十句与"先天下之忧而忧，后天下之乐而乐"的主题相似的名句朗诵中结束的。我领诵，孩子们齐诵。从孟子的"乐以天下，忧以天下"到文天祥的"人生自古谁无死，留取丹心照汗青"，从谭嗣同的"我自横刀向天笑，去留肝胆两昆仑"到鲁迅的"寄意寒星荃不察，我以我血荐轩辕"，我们感动成山，我们激昂成河。

第二十句，最后一句了。

我高声领诵：毛泽东说——

孩子们情在弦上，蓄势而发：为有牺牲多壮志，敢教日月换新天！

"天"字落地，我没有给他们休息的机会，接着高声诵道：我们说——

孩子们愣了片刻，因为这是朗诵材料上没有的。音乐并未停止，一弦一柱真真切切。我一字一顿道："孩子们，认真想想吧……"每一双眼睛都像要喷火，每一个孩子的表情都无比庄重。

《赤壁怀古》依旧回响，一如洪钟大吕。

这时，下课铃声响起……

【教后感言】

称这堂课为"绝唱"，并非随意拔高，实在是因为所有人——学生、听课的老师和我自己，都被这堂课深深地感染了。

虽然所有的语文老师都承认朗诵是学习语文的最佳途径之一，但在现实的课堂上，朗诵多数时候只能以附属点缀的身份出现，这里头有许多的无可奈何。但是今天，我和我的班级却毅然决定上一堂真正的、纯粹的、原汁原味的朗诵课。

于是便有了这样一堂课。

事情的缘起是一位英国教育专家来访，我们班接受了上一堂语文公开课的任务。面对一位完全不懂汉语的带着同声翻译的外国专家，我们要怎么做才能向她展示中国的语文呢？

还有什么方式会比朗诵更好？因为只有朗诵，才能以最直接的方式亮出中国的语言文字；只有朗诵，才能让外国朋友通过最简单的表情和语调深入中国的文化。

纯粹的朗诵课于我也只是第二次，缺乏经验，甚至缺乏信心。但是构想一旦形成，我们的心中就涌起了渴望尝试的冲动。当那位五十来岁、身材高大、有着典型的英国人的笑容和眼神的女专家在教室里坐定的时候，我感受到一种别样的兴奋。我在心里说：范仲淹，我们来了！请赐予我们智慧和勇气。愿您深沉睿智的目光越过岳阳楼，温暖地投射到您的后辈身上。今天，我们将借您的名篇，展示我们中华的文化！

我们成功了！

听课的英国教育专家后来说，她真没有想到中国的语言会这样美，中国孩子的情感会这样饱满生动。这样的学习状态，就是在英国，也只有最好的私立中学中最好的班级才可能有。她拿着手写的"岳阳楼记"四个大字，和我们一样的激动。

紧接着语文课后面的是物理课，物理老师告诉我，孩子们一直很兴奋，在物理课上还主动要为物理老师表演全文朗诵呢！

而我自己，课后一遍遍地听着不太清楚的录音，一遍遍地被孩子们感动，被这堂语文课感动。

原来语文真的可以这样上，通过朗诵直入语言的内核，深入作者情感的深处。原来化繁为简后的语文这样风姿绰约，原来告别题海后的语文依旧如此厚重！在这堂课上，我体会到什么是倾情投入，什么是余音绕梁，什么是"润物细无声"，什么是直抵学生的灵魂深处。

从教十几年，这一堂课上我的语言是最少、最精练的，但是，我把自己心灵深处的最高荣誉奖励给了这堂课。

所以，我称它为我教学生涯中的"绝唱"！

教出《邓稼先》神韵之"一二三"

《邓稼先》，好长的文章！内容繁多琐细而无序，处理是有难度的。别急，教你几招。

抓住一首诗

《邓稼先》这篇长文的最佳切入点是什么？通过再三的阅读品味，我确定了《中国男儿》这首歌。它是杨振宁对邓稼先的功勋和人格最富诗意的评价与总结，也是全文情感的高潮与爆发点。我以此导入，以此过渡，以此作结。整个课堂教学围绕这首歌大做文章，放得酣畅，收得自然。特别是每到学生情绪的临界点，我总以朗诵歌词来实现突破，《中国男儿》的诵读与挖掘使教学极富凝聚力、感染力。

扣住两个词

《中国男儿》是切入面，面上凿开的点是歌词中的一个字："奇丈夫"的"奇"。我和学生一起归纳邓稼先"奇"在何处，一个"奇"字神奇地统率起散乱的内容。背景奇，功勋奇，人品奇，民族气节奇，拼搏精神奇，人生价值奇。一"奇"而动全文，整合之功效让人颇感淋漓。

在课文的收束阶段，我抓住"奇"字再次深入。我问：邓稼先

101

之奇，除了功勋卓著之外，还有哪里堪称"最奇"？我让学生返回第一部分寻找答案。学生很快找出，最奇在于"鲜为人知"。对，这是一个在原文中也毫不起眼的词语，我们就这样层层挖掘，终于让学生的视线集中于此。不用多描述就可以想象，由这个词语掀开的对邓稼先这个人物形象的深层次的理解把握将是多么别有洞天。

精析三个语言点

对语言文字缺乏精细品味与挖掘的语文课是没有语文味的。幸运的是，我和学生与那些极富内涵的语言有了一次美妙的约会，并由此产生了非常精彩的思维碰撞。

1. 关于"也不知道稼先在蓬断草枯的沙漠中埋葬同事、埋葬下属的时候是什么心情？"（动情阅读《吊古战场文》后）

师：同学们，如果你是邓稼先，这时候你会是什么心情？

生：悲痛，因为痛失同事和朋友。

生：除了痛，更多的应该是决心。只有核武器实验成功，才能告慰亡灵。

生：我的心中还陡然生出了英雄气。正如《中国男儿》歌词中所说"碎首黄尘，燕然勒功"，战友的牺牲会激励我成为"奇丈夫"。

师：知道联系后文进行想象，很不简单啊！

生：有悲痛，有辛酸，更有豪情壮志。

…………

2. 关于"不知稼先在关键性的方案上签字的时候，手有没有颤抖？"

师：同学们，你们说，邓稼先的手会不会颤抖呢？

（学生意见不一，教室里气氛顿时热烈起来）

生：他一定不会颤抖。邓稼先是英雄，是大智大勇的人物，他应该有自信心。

生：颤抖了还是邓稼先吗？"奇丈夫"绝不能颤抖。

生：英雄也是人。我认为他的手肯定也有颤抖的时候，前文不是说"理论是否准确永远是一个问题"吗？

生：我们不能认为颤抖了就不是英雄了。这不是普通的签字，这签下去的可是一个民族的尊严，是一个国家在国际上的名声和地位啊！
（众鼓掌）

⋯⋯⋯⋯⋯

师：同学们，其实老师让大家探讨这个问题并不是想要一个明确的答案，因为这个问题也不可能有一个标准答案。但是通过"颤抖"一词，我们感受到了邓稼先肩上泰山一般沉重的责任和科学家时时刻刻都要面临的挑战。在这个沉甸甸的问句中，包含了作者对邓稼先多少的钦佩和多少的哀思啊！

3. 关于"⋯⋯一次井下突然有一个信号测不到了，大家十分焦虑，人们劝他回去，他只说了一句话：'我不能走。'"

师：如何朗读"我不能走"这句话？

（生纷纷起来朗读，有慷慨激昂的，有沉静平和的）

师：大家评评，哪一种设计比较好？

生：应该慷慨激昂地读，才能够显示出坚定，语气一定要重，一字一顿最好。

生：我不同意。作为一个成熟的研究院院长，他的坚定不应该通过声音表现出来。

生：但是声音和语气才能表现坚决啊！

生：不一定。语气要坚定，但声音不一定大。

生：声音绝对不能大。在那种庄重紧张的场合，高八度的声音反而会引起全场混乱。当时大家更需要的是镇定。邓稼先肯定明白应该以他的沉稳坚决来达到这个目的，以表现自己和所有人是一样的。

生：而且从前文邓稼先的个性来看，他"忠厚平实""真诚坦白"，这样的一个高级知识分子，面对危险绝不可能是歇斯底里的。他的个性的底色就是稳重平和。

生：还有一个关键点要注意。这句话不是感叹句，而是一个陈述句。

（众鼓掌）

生：我总结一下，这句话应该读得很自然，要尽量和平时说话一样，声音不能太大，也不能太慢，但语气必须是坚决的。

（生纷纷起来表演朗读，教室里气氛很动人）

【自我点评：长文要短教，必须找到庖丁解牛之下刀口。《邓稼先》很散，所幸我们的视线不断地聚焦，从"我不能走"到《中国男儿》，再从"奇"一直到"鲜为人知"，我们对全文的提挈是极富情感和内力的。两个关键词的相互支撑补充，更是巧成提纲之"纲"。三处精妙语言点的发掘紧扣文本，提问巧而不玄，因而得以引导学生开掘语言点背后的内蕴。或想象，或辩论，或朗读，短短四十分钟，我们把《邓稼先》一文上得豪情四溢，上出了语文味。】

怎样的课堂对话才是高质量对话？

问：我观摩各种公开课，总是很自卑，因为那些课上师生配合总是非常到位，教师掌控自如，学生聪慧绝顶，课堂对话如行云流水。请问，这样的对话是我们普通教师能够学会的吗？

我的建议：许多时髦的词语也好，"对话"也好，"互动"也好，我们都必须冷静地加以思辨。课堂不是茶馆，不是戏院。课堂教学的效果主要看学生是否动了脑筋，是否掌握了知识，而不是看学生发言是否踊跃。满堂讨论、热火朝天的课堂未必就比安安静静的课堂的对话程度、互动程度更高。其判断的主要标准是看师生双方头脑中是否发生了"积极改变"。所以，一个成熟的教师看课，看的往往不是课堂上的"顺"，而是课堂上的那些"不顺"。这些"不顺"往往最能够体现教师的功力，最能够见证学生的成长。从这个意义上来说，不艰难的对话意义不大。

必须和学生"艰难"地对话

——谈谈课堂追问的价值

我们都追求行云流水式的课堂，但是细想想，课堂"行云流水"的背后是什么呢？是问题正中学生"下怀"，师生"不谋而合"，心意相通，于是共同在课堂上唱了一曲完美的双簧。表面看起来很美，其实内在问题很多。对话的过于"流畅"折射出课堂提问的新意不够，难度不够，师生思维交锋的力度不够。唱"同一首歌"固然可以唱得整齐和谐，但共性太多的课堂缺乏生命的真实成长的回音。还有一个要命的问题是，如果这样的"和谐"是由老师和班级优生共同营造出来的，而部分中等生和"忧生"只是看客，那么这样的课堂再热闹繁盛也难逃质疑。因为它只是优秀学生的舞台，而没有承载普通学生的成长。

所以，我现在看课、评课、反思自己的课，更愿意去看课堂中有没有一些"艰难"的对话场景。这些场景往往是课堂凝滞的表现，是表面的危机，是潜藏的机遇。一个成熟的教师，会直面这样的艰难，应对艰难，化险为夷，在"四面楚歌"中寻找到突破点。

"艰难"的形成，或是由于学生基本素质不高，缺乏良好的思维习惯，或是由于设问难度较高，对学生的思维品质的要求较高。不管是哪种原因，在"艰难"中对话，都最能体现教师的智慧，最能提升学生的阅读和表达能力。

我集中钻研过名篇《背影》，在不同的班级分别上过，留下深刻印象的都是那些"艰难"的对话场景。现举例说明。

《背影》教学片段之一

师：请细读父亲买橘的文字。从这段文字中，你读出了什么？

生：这段文字表现的是父亲的爱。

师：好！但全篇文章表现的都是父亲的爱呢……请你聚焦这段文字、这段描写，说说是什么样的爱？

生：伟大的爱。

师："伟大"太抽象也太笼统。

生：无私的爱。

师：比"伟大"好，涉及爱的特点了，但还是比较空。再加把油……表达出此时此地此境的爱的特点。

生：那……表现的是无微不至的爱。

师："无微不至"是一个人对另外一个人。父亲为"我"挑选座位是无微不至，为"我"照看行李是无微不至，千叮咛万嘱咐是无微不至，决定为"我"买橘子是无微不至……但此刻描写的是买橘子的过程，父亲孤身一人爬月台啊，他对谁无微不至呢？

（生迷茫，低头，答不出来）

师：孩子，不着急，请你读这段文字。勇敢点儿。

（生读）

师：这段文字，是写父亲对他人的关心体贴吗？

生：不是，只有他一个人。

师：所以，不能用"无微不至"。我们走路，是稳稳当当地走。而父亲是——

生：蹒跚地走。

师：我们是一脚踏上月台，可父亲是——

生：爬。

师：不仅仅是"爬"啊，他怎么爬的，还有哪些动作？他用两手——

生：攀。

师：如果是身手矫健的你，你不用攀，只需要拉。他的两脚——

生：向上缩。

师：做过引体向上的人就知道，脚向上缩，说明——

生：特别特别费力。

师：父亲的身体——

生：向左微倾。

师：孩子，感受到了吗？因为太用力，父亲的身体就要失去平衡了。而且父亲的身材——

生：很肥胖。

师：他还穿着——

生：黑布大马褂，深青布棉袍。

师：他的穿着轻便吗？

生：不，很臃肿。

师：这样的身材，这样的穿着，这样的动作，父亲是怎样去爱啊？是无微不至地去爱吗？

生：是努力地去爱。

师：努力！真好！这个词语比先前的"伟大""无私""无微不至"

都好，但是，情感色彩还不够。非常努力，努力到最高程度叫什么？

生：竭尽全力。

师：对啊，孩子，这是竭尽全力地去爱啊！竭尽的不仅是金钱，还有体能啊！买橘子，本来是一件平常事，但是由于各种客观因素，于父亲便成了一件需要竭尽全力才能完成的事，所以，它就感人了。孩子，你自己来总结一下。当朱自清看到这个背影时，他看到的是父亲穿着的——

生：陈旧臃肿。

师：也就看到了父亲生活的——

生：困窘艰难。

师：也就看到了父亲行动如此吃力的原因是身体的——

生：衰老和疲惫。

师：他看到的不再是一个年轻的英气勃勃的父亲，而是一个——

生：老年的父亲。

师：老年的暮气沉沉的父亲。而这位父亲，竭尽全力地去爱儿子啊！所以，作者感动得泪流下来了。

⋯⋯⋯⋯⋯⋯

【自评】

这次对话真是差点儿让我"头涔涔而泪潸潸"了，很吃力、很艰难，耗时也很多。后来回味，我觉得特别有意义。这个环节也得到了听课老师们的高度评价，因为它足够真实。我们的孩子过早地学会应用一些概念化的词语，比如伟大、无私、生动、形象，等等。这些词语，放之四海而皆准，因此便成为学生回答问题的"万能钥匙"，其流弊之深、危害之大，相信每一个老师都深有同感。要改变这种现象，教师在课堂上就不能避重就轻，就必须和学生"较真"。什么是"较真"？较真就是强力引导学生真正亲近文本，手把手地去帮助他们咬文嚼字。重新打"钥匙"，亲自递"拐杖"，搀扶着学生到文本中去走一遭。这个过程虽然艰难，但是对学生的帮助却是很大的。

《背影》教学片段之二

生：父亲对"我"很关心，分别的时候，他嘱托"我"路上要小心……

师：孩子，你用错了一个词语。不是"嘱托"，是——

（生看书）

生：哦，是"嘱"。

师：这两个词语看起来差不多，可是情味却大不相同。"嘱托"是对——

生：茶房。

师："嘱"是对——

生："我"。

师："嘱托"是叮嘱加上——

生：托付。

师：对，托付，把孩子拜托给别人。所以在临别时，父亲对茶房是既"嘱"又"托"。在第三自然段，对茶房是什么呢？

（生看书，寻找）

生：再三嘱咐。

师：那个时候还不是分别的时刻，所以只"嘱咐"，还没有"托"。但这个词语前加上了"再三"，你看出了什么？

生：父亲对茶房说了一遍又一遍，还是不放心。

师：对，这一遍又一遍就是爱啊！临别时刻，对我则是"嘱"了。"嘱"和"嘱咐"有何不同？

生："嘱"感觉更亲切。

师：想象一下，父亲叮嘱"我"的内容——

生：很多，很细致。

师：父亲叮嘱"我"的神情——

生：很温和，很耐心。

生：也很急切，怕说不完。

师：父亲叮嘱"我"的距离——

生：他和"我"隔得很近，不厌其烦，絮絮叨叨。

师：孩子们，有人说在这个世界上，只有父母对子女才会有真正的"嘱"啊。所以明白了吗，孩子，不能把"嘱"读为"嘱托"。

（生点头）

…………

【自评】

让我回味不已的教学情景往往是非预设的，是生成的。这个片段中的分辨"嘱"和"嘱托"就是这样。仔细地倾听学生的发言，果断地提取学生发言中的误点，提醒他进行自我辨别，帮助他前后勾连进行深入对比。在这样细小的语言点上用力，不抛弃、不放弃，对于提升学生的语言品味能力能够起到很好的作用。这个"点"，原本我并没有打算在课堂上来专门处理，但在备课时我是细细琢磨过的。所以，为人称道的课堂"急智"其实来自课前的充分钻研教材和倾情备课。唯有这样，你的课堂倾听和课堂反应才可能机敏。

《背影》教学片段之三

（师展示问题：父亲的背上背着什么？）

生：父亲的背上背着生命的沧桑。

师：多么富有诗意的表达。你从哪些地方读出了沧桑？

生：一开篇，作者就写了父亲的遭遇和"我们"一家的困境：祖母死了，父亲的差使也交卸了，正是祸不单行的日子。

师：家门不幸，祸不单行。老母去世，自己失业，负债累累。除了这些，文中还在哪里写到了生命的沧桑？

生：最后一自然段，"近几年来，父亲和我都是东奔西走，家中光景是一日不如一日"。他少年出外谋生，独立支持，做了许多大事，哪知老境却如此颓唐。

师：真悲凉啊！孩子，你把第一句再读一遍。

生：近几年来，父亲和我都是东奔西走，家中光景是一日不如一日。

师：你能够尝试着给这句话加上一组关联词吗？加上再读，你更能体会父亲的沧桑。

（生思考，沉默）

师：近几年来，父亲和我——加上关联词。

生：虽然父亲和我都是东奔西走，但是家中光景还是一日不如一日。

师：真好！同学们，请就这样齐读。

（生齐读：近几年来，虽然父亲和我都是东奔西走，但是家中光景还是一日不如一日。）

师：读出了什么？

生：悲哀，有一种无可奈何的悲哀。

生：痛苦，无论怎么努力还是无法改变现状的痛苦。

生：走投无路。

师：朱自清毕业于北京大学，受过中国最好的教育。他的父亲也曾经驰骋官场和商场，做过许多大事。但是，如今他们虽然都——

生：东奔西走。

师：但是，家中光景还是——

生：一日不如一日。

师：如果靠着自己的智慧、阅历、勤奋都不能改变生活现状的话，那也许就不仅仅是个人的问题，而是社会的问题了。确实，当时中国也正在冬天，军阀混战，民不聊生。皮之不存，毛将焉附。朱自清父亲的背上，背的不仅是自我的悲哀、家族的悲哀，也是当时社会的悲哀啊！

【自评】

这个孩子表现出了良好的思维素质。她的文字直觉是比较准确的，所以她对文本的归纳和提炼富有新意，但还是缺乏较为详细深刻的演绎。这一类对话的"艰难"在于教师必须要超越孩子的思维，要能够在她的发现的基础上为她再提升一层境界。我用加关联词的方法启发学生，努力还原语句背后的情怀，帮助学生透过朱自清内敛的语言表达走进文字深处，效果比较好。

《背影》教学片段之四

（师展示问题：父亲的背上背着什么？）

生：父亲的背上背着想念。

师："想念"，好！和先前同学们思考的角度都不一样。分别后想念孩子，这是普天下父母共同的特点。但是，《背影》之所以感动我们，在于文中父亲的想念和一般的想念不一样。你读出滋味来了吗？

生：非常想念。

师：在程度上加深了。这并不特别。

生：特别特别想念。（众笑）

师：这是共性。请同学们看末段父亲给我的信，细读，琢磨这封信有什么不同寻常。

（生朗读、默读）

生：这封信到处都是矛盾的。开头说自己"身体平安"，最后又说"大去之期不远矣"。

师：是啊，还不止一处矛盾，矛盾的地方多着呢！

生：举箸提笔不便是因为膀子疼痛，这和死亡好像不沾边啊。

生：我感觉父亲很想念儿子，但似乎又不想让儿子看出来。

师：你的语言感觉很敏锐。你从哪里感受到这点呢？

生：父亲说话矛盾，有点儿遮遮掩掩的。想强调自己身体不好又不想让儿子着急，想见儿子又不好明说，就是那种味道。

师：有同感啊。我一直在想，父亲既然都说出自己"大去之期不远矣"这样严重的话来了，为什么最后不用感叹号而要用句号呢？

生：他是在装轻松，掩饰自己的想念。

师：同意！其实父亲的"大去"是在近二十年之后了。他如此写，显然是因为内心情感的复杂。孩子们请看……

（师投影展示《背影》背后的故事，朱自清和父亲的情感纠葛。生看完，均感慨。）

师：好，现在请同学们充实刚才的发言，说说父亲的背上背着的想念，是什么样的想念？

生：很纠结的想念。

生：想说又不敢说的想念。

生：自尊又自卑的想念。

生：主动跟儿子求和的想念。

生：矛盾重重的想念。

师：这是欲说还休的想念。就是这欲说还休，让《背影》承载的不再是普通的父爱，而有了更多欲说还休的东西——"纠结"，这个词用得太好了！

【自评】

于我而言，这个教学片段的价值在于，我急中生智，以学生的回答为抓手，既深化了学生的发言，又顺势推出了自己的教学设想。我认为，分析父亲的信和展示朱自清父子的矛盾，是解读《背影》的关键。只有如此，我们才有可能跳出只谈父爱的传统教学定位，让孩子们更深刻地认识到《背影》之爱的非同寻常：爱是担当，是责任，是无私，是奉献；爱同时也是误解，是等待，是妥协，是包容。《背影》的价值，并非在于写出了爱的伟大，而是在于写出了人性的不完美和爱的不完美。让孩子通过《背影》初步感受到父爱的艰难、父子情怀融合的艰难，比单纯地说爱更有意义。

虽然有些材料是事先准备好的，但是何时使用却是一个难题。材料应该服务于学生的"学"而不仅仅是听命于教师的"教"。从这个意义上来说，该片段中材料的展示进入了师生的"艰难的对话过程"，它的出现是及时的，也是灵动的。

为什么要进行"一个人的同课异构"？

问：同课异构是现在教学教研的重要方式。请问，一个教师面对相同的文本是不是也需要进行同课异构？

我的建议：我确实很喜欢主动进行"一个人的同课异构"。在自己的学校上课，我常常会尝试两个班用不同的上法，或者一个班的两堂课采用不同的上法。去外地上课，只要条件允许，我也会主动要求主办方给我两个程度不同的班来试验。我认为，一个教师自己的同课异构是其教学教研的深度自觉的表现。这样的研究能够促使教师转换备课角度，丰富备课层次，尝试不同的课堂建构，是教师走向专业化的重要途径。

一个人的同课异构

——关于梁衡的《夏》的教学内容取舍思考

教学内容的确定是语文教学所有问题中的"皇冠上的明珠"。这段时间我一直在断断续续地读王荣生教授的《语文教学内容重构》等书，虽有些收获，但总的来说还是很糊涂的。今天结合梁衡老师的《夏》再说说。

2012 年暑假，我参加人民教育出版社组织的第六届"人教杯"语文教师与作家同行——文学作品解读与教学观摩研讨会，应邀讲《夏》。后来，我又在自己的班上讲《夏》，因为教学目标、教研目的、教学对象不同，所以教学内容和教学方法也都截然不同。

暑假的课备得很辛苦。因为来听课的大多数是全国各地的教研员老师，课的级别比较高，具有鲜明的研究性质，所以我对自己的要求是：不上"示范课"，上"研究课"，要有探索的鲜明特色，要有冲击力。为了这堂课，我前前后后思考了十多天，方案准备了好多套，一直到临上场才定稿，真可谓"为伊消得人憔悴"。

另一节课是我自己的"校本教研"，面对我自己的班。孩子的基础比较弱，能力不算强，所以教学目标必须下沉。我对那节课的定位是上灵动的常态课，落实基本的知识，训练基本的能力。课备得很快，因为有那次暑假的钻研做底子，半个小时就搞定了。

这两堂课，能力训练的核心都是朗读，但教学内容和教学手段完全不一样。且听我慢慢道来。

先说学校的课，面对的是自己班的学生。家常课，四十分钟，一篇课文全部解决。我用的是余映潮老师的板块式教学法，整个课堂被分为五个部分，大体是这样呈现的：

程序	基本要求	操作亮点	训练点
导入	让学生猜"华夏"是什么意思？	思考抢答	知识积累
一、理读	集体朗读课文第一、三、四、五自然段，在老师的帮助下概括： 1.夏天的特点是紧张、热烈、急促的。 2.夏天的色彩是金黄的。 3.夏天的旋律是紧张的。 4.夏天是值得我们赞美的。	1.让优秀学生配乐组合朗读第二自然段。 2.讨论：用"夏天的……是……的"句式说话，概括这段的段意。 3.明确全文"总分总"的结构。	1.诵读能力。 2.概括能力。 3.厘清思路的能力。
二、寻读	让学生寻找文章中最能揭示梁衡心中的夏的内涵的句子，并朗读、比较、背诵。	教师要帮助学生进行的甄别，确定最有内涵的句子。	1.筛选核心信息的能力。 2.理解难句的能力。
三、赏读	带领学生字斟句酌。重点讨论落实课后练习题2，整理和板书学生的讨论结果，要求学生在课本上批注。	朗诵，讨论。	1.咬文嚼字的能力训练。 2.散文语言赏析训练。
四、比读	结合课后练习题3中的诗歌《山亭夏日》，让学生进行比较阅读，理解诗歌的闲情逸致之美和《夏》的激情热烈之美。	先读诗歌，然后选择《夏》中最能体现激情热烈情绪的语句来诵读。自然比较。	1.比较能力的训练。 2.在比较中感受梁衡的《夏》的特质。

续表

程序	基本要求	操作亮点	训练点
五、创读	1. 提问学生：从字里行间可以看出来，《夏》是写给谁的？ 2. 如果要把《夏》送给自己的同学朋友，你可以选择哪些句子作为名言呢？ 3. 配乐朗读教师的创写作品《青春——献给孩子们的"夏"》	抢答，激情朗读。	1. 语言活用的能力训练。 2. 课文再创造的能力训练。
结语	"华夏"在《说文解字》中的含义。		1. 知识拓展。 2. 情感熏陶。

就这样简单。五"读"，一次"读"解决一个问题，层层推进。学生读得相当充分，自始至终情绪高涨。所有的课堂练习全部解决，笔记也做得很好，总的来说学得很扎实，也很灵动。

再说在研讨会中的课，课堂状态就完全不同，定位高，有些同行也提出了异议。我觉得很好，有争议的课才是有教研价值的课，没有争议的话，这课就白上了。

课堂目标达成的方式和课堂的内容主要还是"朗读"，这是没有变化的。像《夏》这样的美文，不读、不读够、不读得心潮澎湃，是无论如何也对不住作者的。

但怎么读呢？

在研讨会中上的课，我全部定位在"创读"层面，我想教学生一种新的读书方法——"浸濡式"的朗读方法，就是让诵读者深深地走进文本中，在诵读中创造，在创造中诵读。

一开始还是朗诵全文，组合读、个人读、齐读、老师范读、配乐读，老老实实、认认真真读了一遍。这算是整体感知部分。我重点强调了首段和末段，提出一个问题：紧张、热烈、急促，这三个词语开篇就已提出，作者在末段又重点强调了"紧张"，《夏》中的"紧张"有什么新含义吗？

这堂课，"紧张"是我的切入点。我的全部教学内容，都围绕"紧张"展开，这是我的主问题。

我先让学生自由表达自己对"紧张"的初步感觉。之后，我提取出文中非常重要的三处语言点，通过"创读"的方式，引导学生去理解《夏》中的"紧张"之美。

第一处，是学生能直接看出的人的"紧张"。

> 你看田间那些挥镰的农民，
>
> 弯着腰，流着汗，
>
> 只是想着快割，快割；
>
> 麦子上场了，
>
> 又想着快打，快打。
>
> 他们早起晚睡亦够苦了，
>
> 半夜醒来还要听听窗纸，可是起了风；
>
> 看看窗外，天空可是遮上了云。
>
> 麦子打完了，
>
> 该松一口气了，
>
> 又得赶快去给秋苗追肥、浇水。

我让学生思考为什么要"快打，快打""快割，快割"，然后给原文添补词句，组织学生读：

（乌云来了）

快割，快割

（要下雨了）

快打，快打

这法子很好。学生本来对农业生产很陌生，这样一创读，朗读气氛马上就上来了，紧张感马上就出来了。

再让学生思考：

因为 ＿＿＿＿＿＿＿＿

所以紧张

此为"紧张"的第一层含义。

第二处，诵读焦点是描写夏季农作物生长状态的句子。

你看，麦子刚刚割过，

田间那挑着七八片绿叶的棉苗，

那朝天举着喇叭筒的高粱、玉米，

那在地上匍匐前进的瓜秧，

无不迸发出旺盛的活力。

先让学生读，接着比较句子：

那长着七八片绿叶的棉苗，

那背着喇叭筒的高粱、玉米，

那在地上生长着的瓜秧，

梁衡是炼字高手，这样一比，农作物的精气神就出来了。然后再让学生想象：

那挑着七八片绿叶的棉苗，

似乎……

那朝天举着喇叭筒的高粱、玉米，

似乎……

　　那在地上匍匐前进的瓜秧，

似乎……

　　这是一种"补白式"的朗读，只有补出来了，你才能读出味道。到这个时候，课堂的坡度开始呈现出来了。为了启发和调动学生，我和学生的对话可以说是妙趣横生。孩子们开始时很紧张，后来也慢慢放松了。我很遗憾没有多准备些图片，城市的孩子对农作物太陌生，如果能看着图片，他们会说得更好一些。然后我归纳：

　　那挑着七八片绿叶的棉苗

　　好像举着旗帜高高飘扬

　　那朝天举着喇叭筒的高粱、玉米

　　好像在田野里歌唱

　　那在地上匍匐前进的瓜秧

　　只朝着明亮那方

　　再组织孩子读，那情感就不一样了。接着让他们理性反思，自由发言：

　　　　　因为 _____

　　　　所以紧张

　　此为"紧张"的第二层含义。

　　要理解"紧张"的第三层含义，我用的手法更丰富一些。我带领学生以一种全新的方式走进第二自然段。

　　麦浪翻滚着，

　　扑打着远处的山、天上的云，

　　扑打着公路上的汽车，

像海浪涌着一艘艘的舰船。

第二自然段是个神奇的段落。我问孩子们，如果我们此刻就在那艘舰船上，我们会看到什么？听到什么？闻到什么？并让他们在第二自然段的文字中寻找答案。

那舰船上的我们

会看到_____

会听到_____

会闻到_____

会感受到_____

然后让学生自由朗读、自由体会、自由感受、自由发言。

这是很高层次的阅读训练，这是学生以前根本没有尝试过的阅读方法。学生需要先跳进文字，再跳出文字。这里边有信息的筛选，有理解、有鉴赏、有创造。在这个环节里，教师的点拨异常重要，没有办法预设，一切都需要生成。学生很激动，很亢奋，我也是。后来我打出幻灯片做总结：

那舰船上的我们

会看到

芊芊细草长成密密厚发

淡淡绿烟凝成黛色长墙

火红太阳烘烤金色大地

金色主宰一切美妙

…………

那舰船上的我们

123

会听到

蝉噪林逾静

鸟鸣山更幽

会听到

麦浪翻滚如高亢的歌唱

热风浮动如低音回响

那舰船上的我们

会闻到

早已熟透了的麦子的清香

这样的创读，对这群孩子来说是全新的体验。在我的鼓励调动下，大家诵读的热情越来越高。

我趁势推进，让学生再比较以下两类词语，感受梁衡心中的夏。

沸腾　翻滚

扑打　主宰

滚动　升腾

迸发　冲刺

轻飞曼舞　灵秀之气

春华秋实　潜滋暗长

春花秋月　闲情逸致

春日融融　秋波澹澹

承前启后　生命交替

这么一对比，孩子们似有所悟。我抓住机会点睛——夏啊，就是这样的：

> 那春天的灵秀之气经过半年的积蓄，
>
> 这时已酿成一股磅礴之势，
>
> 在田野上滚动，在天地间升腾。

夏啊，就是这样的：

> 夏正当春华秋实之间，
>
> 自然应了这中性的黄色——
>
> 收获之已有而希望还未尽，
>
> 正是一个承前启后、生命交替的旺季。

我说，在这样的"夏"中前行——读——

> 于是，
>
> 那驾驶舰船的我们，
>
> 翻滚的是心浪，
>
> 扑打的是思潮。
>
>
>
> 驾驶着舰船前行，
>
> 一路都是好风光。

诵读，理解性地、创造性地诵读成了课堂的主旋律。课文，被巧妙地变形，成了诗歌，成了歌。我觉得自己像一个大合唱的指挥，让我们的乐团，从滞笨到灵动，从压抑到奔放，彻底燃烧起来了。

收官阶段，我问：

> 因为 _____
>
> 所以紧张

孩子们说了不少，结合他们对前三个层次的理解，我做出总结：

所以，紧张

不是焦虑

不是拖拉

不是占有

是惜时如金、聚精会神

是渴望成长、全力以赴

是五官开放、风光看遍

它是热烈的情怀

是急促的心跳

是积蓄而来的磅礴之势

是冲刺着的旺盛活力

是滚动升腾的黄金色彩

是勇敢挑在肩膀上的

生命旺季

再读！再读！再读！

　　我追问，梁衡希望把这热腾腾的夏天送给什么样的人，为什么？孩子们当然说是农民。我接着追问，如果要把这篇文章送给我们自己呢，可以用吗？孩子们展开了热烈的探讨。然后高潮到来了，在雄壮的音乐声中，两个诵读最好的孩子开始读我的创写《青春——献给孩子们的"夏"》，我要把它送给当天来上课的孩子们。诵读气壮山河，感人至深。最后我问，大家猜一猜"夏"是什么意思？

　　结尾点题升华：

孔颖达《春秋左传正义》疏曰:"夏,大也。中国有礼仪之大,故称夏;有服章之美,谓之华。"

《尚书正义》注:"冕服采章曰华,大国曰夏。"

夏:中国之人也。——《说文解字》

山川如我

——梁衡

结课,回肠荡气。

就是这样上的。这其实是一堂很纯粹的"美读课",只是采用的手法比较"刁钻"罢了。有人不喜欢,觉得是"过度阐释",也有他们的道理。

梁衡老师跟我交流,说我上得很精彩,是升级版的《夏》。我揣摩,这话有表扬也有商榷的意思。我的教学内容,确确实实已经超越了梁先生自己的写作意图。我觉得很有意思。

探索而已,许多朋友觉得接受不了,也正常。于我自己而言,永远不会有什么"过度"的问题,尝试就是这样,有时候会踩高跷,有时候会走独木桥,被怀疑甚至受打击也是常有的事。但这些怀疑和打击也是美好的,起码证明了一点,我没有走寻常路,我愿意承受这些。在教学后记中,我阐述了自己的理由,或者说不是理由,仅仅是一种生命状态的宣示。

我不会按部就班、亦步亦趋地活着,更不会看任何人的脸色而活。不管是在现实生活中,还是在课堂上,不断地尝试和探索似乎已经成了我的本能。

什么是教学环节上最看重的东西？

问：王老师，在进行教学设计时，我经常会纠结于教学程序的安排，在这方面我们应该注意些什么呢？

我的建议：我认为，教学程序是外在教学形式的一部分，它是为内容服务的。安排教学程序，关键是要研究学生的学。教师要有一个整体观，要从高处俯瞰自己的整堂课，要有清晰的板块意识。教学的推进要符合学生的认知，材料的穿插要把握时机。上课亦如烹调，有一个把握火候的问题。还有更高境界的教学，课堂上似乎完全不用考虑程序，只是跟着学生的思路走，教师的作用就是点拨。这仅仅是表面现象，事实上，这样高层次的教学背后还是有微观的教学程序的。在对学生问题的取舍安排上，必须要有程序的考虑，否则课就乱了。这种能力会从应然走向必然，是可以慢慢培养的，不要急。

《活板》的教学给予我们的启示

（这是我带的一位青年教师的课，以下是我对他这堂课的粗略讲点。）

我听你的课，每一次都会感动，因为总能感觉到你渴望创新的冲动，这很珍贵。无论如何，最不完美的创新也比最完美的守成伟大一百倍。要保持这样的情怀，终身保持。

文言文教学有其特殊之处，加之《活板》属于文言文中的说明文，教学上又比其他文体难一些。所以，以《活板》这样的课文上公开课，是很具挑战性的。你很勇敢。

你的教学过程基本分为三个部分：

1. 看一个关于《活板》的介绍视频。

2. 介绍作者沈括和《梦溪笔谈》。

3. 让学生找出"活板"技术所需要的工具，到黑板上板书，然后让他们讨论，掌握"活板"制作与印刷的流程。

这个设计很清晰，板块也很分明，这是优点。不足呢，我也说说。

首先是视频太长，有七八分钟，如果能够剪辑到三分钟以内就更好了。还有，视频的内容太杂，不是很适合放在开头，可以考虑放在中间辅助学生理解活字印刷流程，甚至放在最后也是可以的。材料的穿插是个很具艺术性的工作，非常讲究出现的时机。我觉得你这个视频在学生掌握了活板工艺流程之后再出现可能更好，因为它涉及了活板的真假、传播等，已经超出课文内容本身了。

其次，作者介绍有点儿啰唆，都是老师在讲。等你讲完，课堂时间就过去一半了。时间过半还没有进入正题，肯定是不合适的。要砍掉大部分内容，一两分钟即可。有些东西可以放在课件上，有些东西可以让学生来讲。总之，这些内容不能喧宾夺主。

前两个环节耗时太多，学生根本不需要动脑筋，只是听，太浪费时间了。从你的课堂的总体规划上来看，是不合适的。

但最需要调整的还是第三个环节。

你补充说这堂课还是第一课时，那就更值得反思了。反思之前我们来给这篇文章定个位，然后确定它的基本教法。

首先它是文言文，文言文难在"文"和"言"之间的轻重比例的确定。一般来说，"言"是基础，"文"是升华。"言文"水乳交融是最佳的，但肯定还是有重心的，重心落在哪个方面得视文章特质而定。如果是《记承天寺夜游》或者《爱莲说》，它们有丰富的文化意蕴，文字也不艰深，在"文"上下功夫容易出彩。但《活板》是说明文，文字又相当生僻，就算借助注释，学生理解起来也还是有难度的。这样的文章，重点就应该落在"言"上，要扎扎实实地落实"言"的知识，在落实的基础上帮助学生了解"活板"到底是怎么一回事儿。至于其他，比如对"活"的生命意义的深度理解等，点到即可，没有必要去大做文章。语文课任何时候都不要上成思想品德课或者哲学课，我们不要肥了别人的土，荒了自己的田。

还需要特别注意的是，我们是在讲语文，不是讲科学。讲"活板"的程序是为了帮助学生理解文言知识，积累文言素材，培养文言语感。

绝不能搞反了。说明文教学不能变成专门普及科学知识的一门课。

厘清了这些问题之后，我们来看你的课。你可以这样问自己：

第一，我让学生读书了吗？这么难的文言文，读十遍都不嫌少，老师一句一句教读都是可以的。但遗憾的是，你一遍都没有让学生读，没有提到文中的任何字词的读音问题。你可能把学生的能力估计得过高了不是？

第二，我给学生搭阶梯了吗？学习较难的文章，一定要"小步轻迈"，先搀着学生走，然后再慢慢放手。我们语文老师教书要厚道，一定要充分考虑中等层次和中下等层次的学生的阅读起点。教学设计其实就是给学生制作"拐杖"的过程。教学要真心、贴心、细心、用心，你呢？你直接就把学生扔进了文言文的"旷野"之中。暂且不说让学生找活板工具并复述过程的方法是否恰当（我个人认为不是很恰当，把这个问题作为"主问题"，不像语文课，像科学普及课），这样做，最好的学生勉强可以对付，大部分学生完全找不着北。你想想，一不读，二没有活板程序层次的划分，三没有关键词语的点拨，四没有其他方式的辅助（比如我上课时用到的活板动画），这些本身能力就比较弱的孩子怎么去应付？所以，在你课堂的后二十分钟，孩子们的思维就开始到处流浪了。糊里糊涂搞了半天，这里找半句，那里挖半句，零零星星，到最后活板制作及印刷的流程在孩子们头脑中还是散的、乱的、糊涂的。更要命的是，这节课根本没有落实任何文言基础知识。

总结起来，你的这个课上得心浮气躁，不"实"。而"实"乃是创新的前提。你整个地浮在空中，教学也就浮在空中了。你看看课堂上孩子们的表现，一脸茫然。这四十分钟，他们的收获可以说是寥寥。

所以，教学环节不要太花哨，不要拿课文以外的太多东西去充塞课堂。语文课不能追求猎奇，没有扎扎实实的知识传授和能力训练，宁可不要那些表面上好看的虚招。

我的建议是，你跟听一位教学经验丰富的老师的课。坚持听，在可能的情况下，每一节课都听。重新学习基本的教学设计，重视基本的教学环节的落实。先不要急着创新，先模仿。你现在就应该模仿，依葫芦画瓢。会画了，画熟了，然后再创新。

当然，这些都是我的建议，你再根据自己的感觉进行取舍，不一定全听。

《荷叶·母亲》的教学可以怎么调整

如果真的要教《荷叶·母亲》，该怎么教？我对自己是这样要求的：站起来教。

什么叫"站起来教"呢？就是彻底地和文章拉开距离，你去评价它，去整合它，去使用它，而没有必要钻进它的文字中去咬文嚼字。因为它太脆弱了，一咬一嚼它就变死板了。它没有那个质地，是经不起嚼的。如果硬要嚼，最后你自己得先吐。

如果你直接把作者名字隐去让学生读，问他们这文章好不好，值不值得学习，我敢打包票，聪明的、有独立思考能力的孩子会和我一样持怀疑态度。

希望冰心她老人家不要生气，现在是 21 世纪了，我们须把我们的孩子教得更独立、更民主、更有批判精神，所以难免得罪老前辈了。这是站起来之一。

我请教过余映潮老师，看了他的课件，我觉得他比较高明。他主要做了三件事：第一，从整体上评价《荷叶·母亲》的写作手法；第二，将课文重组，要求学生从原文中抽出写"红莲"的句子和最后一段构成一首散文诗，然后诵读；第三，重点赏析课文最后一个句子。

我觉得余老师很聪明。他是特别喜欢做咬文嚼字的工作的，但显然在这篇文字上他避开了。他教的是《荷叶·母亲》的精华，他甚至通过重组课文带领学生主动把那些牵强附会的内容清除掉。这个课文重组训练简直是给《荷叶·母亲》洗了一个澡，理了一回发，让这篇文章变得眉清目秀起来。

余老师比较厚道，他未必会去批评课文。但从他的处理中，我感觉得到他的价值判断。这是站起来之二。

还有一个教法，就是只浅浅读一读这篇文字，然后找出冰心写母爱的其他散文和诗，做一个整合拓展阅读或者诵读。这就是把该文本处理为拓展型文本了，这样教学，学生才会有切实收获。这是站起来之三。

但是我们有时候难免得"跪着教"，所以我再说说细节。

通州一位老师的教学很有激情。她设计了一个仿写训练，就是仿写最后一段：母亲啊！你是荷叶，我是红莲。心中的雨点来了，除了你，谁是我在无遮拦天空下的荫蔽。她要求学生选择红莲之外的其他事物为仿写对象。

本来这个设计挺好的，既是情感渲染，又是语言和思维训练。只要做得好，这堂课的高潮就到来了。

可惜的是，在这个训练之前，她没有任何铺垫，只是讲课文，并让学生填了一个表。表的内容是"四看红莲"，要学生填写当时的环境、红莲以及作者的心境，这是她这堂课最核心的内容。

对此，我的看法是，填表环节占用时间太多，而且几乎不具有思维挑战性。四五百字的短文章，这样"大卸八块"式地梳理，有点浪费时间。如果要在课堂上做课文"信息提取类"的任务，那么这个"信息"的铺展度必须足够大才有意义。如《故乡》《范进中举》这样的文本，只有去梳理才能够把"骨架"理出来，让学生看到变化。又如《变色龙》，我就不要求学生用太多时间去寻找诸如主人公怎么叫狗的一些信息，因为从情节层面来看，文本非常简单，一目了然。

其次，不能一梳理完课文内容就让孩子们仿写，这太着急了。他们的感情都还没有上来呢，怎么写呀？课堂上的语段仿写应该是课文学习的一部分并与之血肉相连的，甚至要为课文学习服务的，不能上成阅读课中相对独立的微型写作课。

那么怎么操作呢？写之前，要蓄势，要酝酿情感，要把功夫下足了，让学生觉得非写不可，不写不快。比如，先回到文本中去，让学生想象这句"对屋里母亲唤着，我连忙走过去，坐在母亲旁边"，母亲为什么要唤我？母亲怎样在唤我？我过去之后，母亲会对我说什么？母亲在担忧什么呢？不弄清楚这些问题，我担心孩子们根本读不懂这篇课文。因此，老师要适当引入冰心和母亲的亲密的故事细节甚至经典诗文来对这若隐若现的一笔进行补充。这时的穿插很重要，课堂上没有这一笔，学生不可能理解冰心为什么会从这么小的生活场景想到母爱。其实红莲只是一个触发点罢了，当时与母亲有关的往事一定全都涌上了冰心的心头。接着，老师要组织学生动情地诵读最后一段，反复读，反复背，适当赏析。再让学生讲自己和母亲的故事，看学生是否有所触动。根据我的经验，这个环节就可能令孩子们动情。一旦动情，你让他仿写，一切便都水到渠成。孩子仿写完，再顺势读他们写的句子，就可以形成一首课堂散文诗，多美多感人。

你看，这就是课堂设计。你可以做一个步骤，我也可能做五六个步骤。长课文也好，短课文也好，要设计四十分钟的教学都是不容易的，所以需要对一些关键的细节做重点敲打。这些细节落实了，你的课就充实了。

还需要注意的是，环节和环节之间应该是相扣的，相呼应的，相支撑的。如果环节割裂了，课堂板块之间出现巨大的鸿沟，这课怎么上都是散的。

教学要有板块，因为板块意味着思路和逻辑。但这个板块最好无痕，板块内在的勾连牵引就考验着老师的功力。

如何处理"瑕疵文本"？

问：有的文本是"瑕疵文本"，对于这样的文本，在进行具体的教学设计时您是如何处理的？

我的建议：将错就错，妙不可言！可能有不好的"选文"，但没有不好的"课文"。因为课文仅仅是老师教学的"工具"而已。把"自然文本"变为"教学文本"是非常有意思的。只要教师有慧眼、有慧心，"问题课文"往往更具学习的价值。"错误"本身就是教学资源，"用错"本身就是重要的批判性思维能力。批判力正是 21 世纪最受重视的能力之一。

教材"用错"策略例谈

我不反对超越教材。就教学的终极目标而言，教材最终是要被超越的。但在常规教学中，对于大部分普通中学的普通学生来说，课文依旧是最便捷好用的抓手。所以，立足于课文，用好课文，是提升教学质量的重要保证。

没有十全十美的课文，有的课文甚至缺陷明显，怎么办？

我的观点是：可能有不好的"选文"，但没有不好的"课文"。因为课文仅仅是老师教学的"工具"而已。只要教师有慧眼、有慧心，"问题课文"往往更具学习的价值。

"错误"本身就是教学资源，"用错"是培养学生批判性思维的佳径。现举例说明。

一、"用错"，助力学生的诵读

（以《老山界》教学片段为例）

【投影展示】

满天都是星光，

火把也亮起来了。

从山脚向上望，

只见火把排成许多"之"字形，

一直连到天上，

跟星光接起来，

分不出是火把还是星星。

这真是我生平没见过的奇观。

（师指导男生女生配合反复朗读）

师：如果改一个标点符号，我们会读得更好，作者的情怀也会表达得更鲜明。

生：把最后的句号变为感叹号。

师：有道理。来，再读，读出感叹号的感叹之情来。

（生再读，更多雄伟绚烂和赞叹之情都读出来了）

二、"用错"，激发学生的语言敏感

（以《松树金龟子（节选）》教学片段为例）

师：好了，现在我们进入课文挑战学习——

【投影展示】

①松树金龟子长得仪表堂堂，它身披黑色或棕色外套，外套闪着金属的光泽，上面还点缀着一些白色斑点，显得既朴素又高雅。

②我抓住机会跟踪它们，观察它们。雄虫满怀激情地展开触角末端的折扇，悄悄地反复向停有雌虫的树枝飞去，它们的黑色身影掠过夕阳的最后一抹余晖，飞飞停停，左右盘旋。

师：昨晚啊，法布尔托梦给王老师（众笑），他老人家生气了。法布尔不满意编者对他作品的翻译呢。他说，连标点符号都有问题。大家看看大屏幕上的这两段文字，都有标点符号用得不恰当的地方，请指出来改正。

（生思考）

生：第一句的"仪表堂堂"之后应该打句号。因为它是一个总起句。

师：真敏锐！除了句号，还可以用什么标点符号？

生：也可以用冒号，表示解释说明。

师：活学活用，好！

生：第二句的"飞去"的后边也应该用句号。这个句子在这个地方已经完整结束了！

师：为大家喝彩！中阶挑战没有难倒大家。其实这些都是一目了然的问题，为啥编者就没有注意到呢？大家看，几乎每一篇课文我们都有质疑，认真学习课文而不迷信课文的态度非常珍贵。

三、"用错"，训练掌控全篇的能力

（以《国宝——大熊猫》教学片段为例）

师：其实刚才同学们的学习已经达到高阶挑战的境界了。质疑精神是最高贵的学习精神。接下来的挑战也和质疑有关。

【投影展示】

请重点审视第六自然段，它在文中的位置是最佳位置吗？

（生读书、思考、讨论）

生：我认为第六自然段讲的是熊猫外形的问题，而第四自然段讲的也是外形的问题，完全可以把这两段合并。

生：我的意见也是这样。第四段第一句是一个总起句，说大熊猫人见人爱。然后把第六自然段移过来，写它的长相人见人爱，接着写它的姿态人见人爱。这样更紧凑也更严谨。

师：看来是英雄所见略同啊！好！老师也替作者感谢大家了。看来课文的问题也很多，我们要敬课文但完全不必畏课文。挑战课文、挑战作者很有意思不是吗？为了奖励大家积极思考的态度，来，最后我们来点儿课后休闲活动……

四、"用错"，突破课文难点

（以《武陵春·风住尘香花已尽》教学片段为例）

生：老师，我发现课文中的插图不太好。

师：你说说。

生：一是诗人窗前的花木太繁盛，没有"风住尘香花已尽"的凄凉感觉。二是图中画了一钩弯月，这就表明是晚上了。而诗中不应该是晚上。

生：是晚上，不是说"日晚"嘛。

生："日晚"不是晚上，如果是晚上，那李清照不梳头就很正常了，谁晚上还梳头啊？

生：对，如果是晚上，李清照怎么会想到去泛舟呢？

师：有道理。

生："日晚"应该是日头很高的时候，可能是要到中午了，她都还不想梳头，可见心情非常郁闷！

生：这是因为李清照的丈夫已经去世很多年了，她已经习惯了，又怎么可能比还在盼望丈夫回来的女子更愁呢？

生：我不同意。李清照确实是已经绝望，《望江南》中的女子是正在绝望，但我认为已经绝望比正在绝望更愁。（众鼓掌）

生：可是《望江南》中的女子经受的是希望的煎熬，而李清照已经是心如死灰，我认为这比前一种煎熬更痛苦。

（生争论不休）

…………

五、"用错"，检验学生的人文情怀

（以《松鼠》教学片段为例）

师：现在我们进入高阶挑战学习阶段。

【投影展示】

有人批判说文章末段，认为它大煞风景，你认为如何呢？

生：全文表现的都是对松鼠的喜欢，可是这一段却写松鼠对人类的作用，充满了血腥味儿，和全文的温暖温馨的气氛很不协调。

师：可以怎么调整呢？

生：可以删掉这部分，保留选文的完整性。

师：同意。

"用错"既可以是"点"上的，用"一错"而助学，如上述诸例；也可以是"面"上的，更为深度地开发课文之"错"，以"错"为切入点调动全篇教学。比如教学马致远的《天净沙·秋思》时，教师以评图、改图为抓手，搅动了全篇的教学。

【《天净沙·秋思》教学片段】

师：请同学们自由地朗诵品味全诗，然后仔细观察课文中为它配的插图，看一看这幅插图是否最好地体现了《天净沙·秋思》的意境，

142

老师非常希望同学们能给插图作者提出一些意见和建议。

（生自读、讨论）

生：诗中说是瘦马，可画中的马还比较健壮，马腿上的肌肉都看得很清楚，应该把马画得瘦骨嶙峋一些才好，而且最好是老马。

生：我觉得人不一定非要骑在马上，如果由人牵着马走，岂不是更能表现出鞍马劳顿的味道？因为连马都累得走不动了，人的心情的落寞就可想而知了。

师：很有创意。人骑马还是人牵马的问题还从来没有人争论过呢！

生：图中人物的表情很到位，但马的表情还可以更忧郁一些。

生：插图中的树也有问题。图中远处的树给人郁郁葱葱的感觉，近处的树却是光秃秃的。这样的对比太强烈了，不符合诗中的意境。我认为老树上如果有几片摇摇欲坠的叶子更能体现沧桑之感。

生：枯藤呢？插图中根本没有枯藤。如果能画出枯藤与古树的缠绕，植物的意象就鲜明了。

生：远处的夕阳可以画得朦胧一些，还可以画出半边已经落下山的样子，渲染出傍晚的气氛。

生：插图中鸟儿们飞得很轻盈、很高、很快乐，哪里是昏鸦啊。我认为鸟可以画得沉重一些，笨拙一些，最好让大部分鸟栖息在枯枝上，因为"秋思"的画面应凝重一些。

生：风呢？如何体现西风？图中并没表现出来。

生：可以在茅屋上画些淡淡的炊烟，炊烟袅袅，"小桥流水人家"的温馨感更足，风的动感也表达出来了。

生：画中人可以不戴帽子，让发丝微微飘起，西风不就出来了吗？

生：本是游子思乡图，作者却费笔墨去描写温馨的"小桥流水人家"，这不是矛盾了吗？

师：这个问题问得很有价值。

生：不矛盾。这叫反衬，以温馨衬凄凉嘛！

生：对，游子触景伤情，别人是享受天伦之乐，自己却是沦落天涯，羁旅漂泊，这种对比痛彻心扉啊！

生：也只有这样对比起来，"断肠人"才表达得实在。

师：对插图还有建议吗？

生：除了细节的问题，我觉得插图最大的问题出在整体构思上。我读完这首诗，眼前浮现的是一幅古道苍苍、秋风萧瑟的图画，但是这幅图给我的感觉太拥挤了，甚至是太热闹了。

生：可能是景物都挤在一起的缘故。我们可以把"小桥流水人家"安排得远一点儿，让古道的纵深感强一些，如果景物能真正地成为背景，以此突出主人公的孤独，画面的整个格调就改变了。

师：说得真好，通过这样的修改，我感觉大家对这首诗的理解相当深刻了。下课之后爱好绘画的同学还可以把我们的想法画出来，然后和课文插图比一比。

"用错"是一种胸怀和气度。审慎地对待课文，辩证地引导探究，灵活地设计环节，努力化"险"为"夷"，变"废"为"宝"。培养学生挑战权威的质疑态度，涵养独立自由、宽容平和的现代公民情怀，都在"用错"之中。

"工具性"与"人文性"该如何平衡？

问：王老师，语文界的反思让人纠结。现在语文学科的"工具性"有强过"人文性"的势头。若不贴着语言教、贴着文本教，这样的语文还有语文味吗？在教学设计中，"工具性"和"人文性"该如何平衡？

我的思考：大米的味道不同于稻秧，蛋糕的味道不同于小麦。"语文味"也不仅仅是文本自身的意味。我认为，"语文味"其实是一个模糊的概念，它是语文散发出来的气质。文本是一棵树，它影响着周围的温度、湿度、热度。文字是源头，从这个源头开始，要允许我们的语文课堂流淌成清泉、河流甚至大江大洋。没有人文之美的语言训练，是死的语言训练。东风压不了西风，西风也压不了东风，应该视教情、学情而定。

又到《背影》季

我在博客上展示了我和我的弟子小屈老师两堂《背影》的教学说明，引发了争论。展示这些文件是为了供大家思考，当然，我的态度很鲜明，我们的这两堂课都是纯正的语文课。

一

又到了讲《背影》的季节……

我说得这么"严重"，实在是因为语文教师的职业幸福必然和那些经典的课文联系在一起。许多文章，好得你不敢讲，怕亵渎了，怕糟蹋了，怕名家文豪们不原谅自己的轻率和愚蠢。《背影》就属于这一类文章。

只有一年教龄的小屈老师所教的《背影》，是一堂好课。在说这个年轻人的课之前，我先说说自己的。过去一年里，我在自己的学校上过一次《背影》，在济南又上了一次，好像都算成功。

在学校上课的四十分钟里，我讲了三个层面。

第一层，我问：父亲背上"背"着什么？

这里的"父亲"当然是指朱自清的父亲。这是课堂的核心环节，用了三分之二的课堂时间。从父亲那封语意矛盾、情思挣扎的来信切入，紧扣"望父买橘"的那段描写，再辐射全文，和学生自由对话，努力点拨，体会父亲"爱"的艰难。我一直觉得，《背影》不仅是一个爱的故事，而且是一个"不能爱""爱不了""爱无力"的故事。这在《生之苦痛与爱之艰难》一文中我已经阐述过了。如果仅仅停留在"爱"的层面上，我觉得有些可惜。但在对话过程中，我还是适时推出了《背影》背后的故事，简单介绍了朱自清和他父亲的矛盾，帮助学生感悟父爱的复杂。最后我进行总结：父亲的背上背着太多东西了，有身处乱世的凄惶，有家道中落的伤感，有母亲离世的悲凉，有事业衰颓的辛酸，有父子生隙的隐痛，有送子远行的牵挂，有无涯代沟的尴尬，有年事渐高的颓唐，有死期将至的惶恐……我还顺势结合《说文解字》中对于"父"和"子"的释义，让孩子们看到了父爱可能具有的另类含义。对话的环节可谓相当出彩，大概是因为我比较了解自己班的状态吧。这个班学生的思维能力比较强，他们适应这样的讲法。

第二层，我问：父亲们的背上"背"着什么？

我带领孩子们从朱自清父亲的艰难开始走向其他的父亲。我使用盲人作家周云蓬的《我的爸爸》作为《背影》的拓展材料，《我的爸爸》讲的是周云蓬这个盲人、诗人和他的工人父亲"斗争"的故事。这篇文章和《背影》的风格虽然不同，但内核却有许多相通之处，非常感人。当时那个班级的学生都有笔记本电脑，我便把《我的爸爸》放在了网络平台上，让学生自由阅读、自由点评、自由交流。不同年代的父亲，不同经历的父子，却有相同的情感纠结。最后归纳相同点：一个时代的风雨飘摇，一个家庭的凋零没落，一对父子的情感问题，一个男人的事业败退……父爱啊，因为是男人的爱，所以往往更加难以言说。

第三层，我问：你的父亲的背上又"背"着什么？

这就把孩子们拉回现实了。有了前面的铺垫，孩子们说得很动情。他们已经不仅仅在说"爱"了，很多都谈到了爱的另外一面，爱的隔阂，爱的艰难，爱的承担，爱的迷失，爱的矛盾……这就是我的目标。教《背影》，我最想告诉孩子们的是，误解中也有爱，沉默中也有爱，斗争中也有爱，甚至仇恨中也有爱。爱，很多时候并不是相拥的姿态，而是背过身去的姿态。

最后结课时，我用了唐小林在《消失·记忆·在场——2010年散文的一种回顾》一文中的一段话："这些散文的最大特点是，迥异于过往对严父慈母的一味礼赞、歌咏和感恩，而是把深情厚念逼入历史的深处和意识形态最为诡秘的部分，出示与生俱来的血缘亲情如何与特定历史时期坚硬如水的政治、社会和人际纠结、抗争、妥协甚至合谋，从而表现出人性的晦暗、光亮和苦难，使这类散文超越以往，具有了异乎寻常的历史容量和思想深度，走向成熟和大气。"

我知道孩子们对这段话似懂非懂，这没有关系，他们能够悟出一点点就可以了。我就是想给他们留点儿思考：写文章，不要以为只有"对严父慈母的一味礼赞、歌咏和感恩"，生活比这复杂得多。我们要有勇气走进生活，用生命的真诚体验去超越古板的写作套路。

那堂课在诵读中结束，对比着读，先读《背影》中的经典段落，再读一首感人至深的诗作为结尾。

那堂《背影》上得很凝重，很深刻。听课的老师都觉得很"惊艳"，不管是年轻的还是年长的，都说从来没有想到《背影》可以上到这个层面。我自己也沉浸其中，甚至还为此"抑郁"了一阵，我和我的父亲其实也有过类似的爱的斗争啊。我读《背影》、教《背影》，其实讲的都是自我。

课，言说的都是自我，不管你信不信。

可惜的是，我至今没有拿到那堂课的录像。当时是公开课，是一家美国企业在我们学校搞的"一对一"教学实验活动。他们录了像，我们学校却没有录，因此直到今天，我也没有见过录像。

有些课是不可以复制的，就像生命的许多珍贵时刻永不可复制一样。那堂《背影》之后的第二周，我就应邀到济南上课，那边要求同课异构上《背影》。我上了，可是没有敢像之前那样上，一是不了解学生的情况，二是这种大胆的上法，担心那边的老师不能接受。

在济南王舍人实验中学，我还是讲了三个层面，但设计迥异。

第一层：读"父亲"。我带领着孩子们细读课文，以"父亲的爱在……"的形式，完成了若干首小诗的课堂创作。这种教法其实是换一个方式让学生细读课文、咬文嚼字。

第二层：读"儿子"。主要是读出矛盾，读出儿子和父亲的爱意纠缠、欲说还休和不可言说。

第三层：读"父"与"子"。还是读那封信，读出信中的不合常理之处。再结合《背影》背后的故事，让学生谈感受，感悟"爱"的复杂。

这堂课的定位比之前在自己班上课时稍低，教学方式也更"亲民"。课上跟学生的对话很艰难，也很有意思。但和其他两位老师相比，这堂课还是"异构"得厉害，所以激起了一些争论。

无论如何，我是上得很用心的。说这些，都是为了铺垫出小屈老师在《背影》一课教学上的更用心、更精彩。

二

小屈老师的课属于"课后课"，是正式讲完了《背影》的文本之后的"附加课"。这是个新东西，是我们以前的聊课中没有涉及的。我觉得非常有意义。

这次，我想换一个法子聊，通过简单地点评小屈老师课后发给我的"教学后记"来阐述我的"观后感"。这堂课异常精彩，可惜我有其他的工作，没有能够现场听课。课后听同事们谈课、议课，顿时为自己没能听到课而捶胸顿足。

先说一个观点，有人认为这课更像"班会课"，我不以为然。课有千万种形态，是不是语文课，关键要看是不是在拿"文本"说事、做事、创事，是不是在用语文的手段说事、做事、创事。班会课中有了语文味，善莫大焉；而语文课起到了班会课的教育功能，是语文课的功德。

以下是小屈老师的教学后记的部分内容和我的感想点评。

上《背影》之前，我一直很忐忑，因为这篇文章太经典了，如果没有上出效果的话，实在是对不住这些孩子，所以我一直在想如何突破。（这是面对经典的敬畏之情、热爱之情。唯有这样的情怀，才可能催生出好课。）在区里教研的时候，一位老师对《背影》一课的设计给了我很大的启发，她在上这堂课之前专门腾出一节课，让孩子和家长同时阅读，然后让他们写读后感。后来正式上课的时候，她用了一位父亲的读后感作为导入，之后才是较为常规的讲解之法。（聆听他人、向他人学习非常重要。我们需要的就是一点点启示，而这启示，常常就成了顿悟。灵感往往来自他人有声或者无声的点拨。）但是这个导入让我眼前一亮，后来我仔细想，对孩子来说，初读《背影》写出的读后感肯定是较为表层化的，因为《背影》可挖掘的东西太多了。读了王君老师的《生之苦痛与爱之艰难》之后，我的心情久久不能平静，王君老师的这篇文章让我深感《背影》之厚重，如果孩子们学完这一课不感动、不流泪、不能铭记一生的话，那就太遗憾了。（好一句"如果孩子们学完这一课不感动、不流泪、不能铭记一生的话，那就太遗憾了"，教师如果没有对这样的"遗憾"的警惕，那就是对经典的亵渎。）所以我决定，讲完这一课之后，再来做父子读后感的深刻分享，来一个升华。（小屈老师的这堂课，教学立意和创意就在"父子读后感的深刻分享"上。）

周二晚上，我给家长们发了短信：各位孩子父亲，您好！我是语文老师屈老师，今天孩子们学习了朱自清的经典散文《背影》。为了让孩子们更好地理解《背影》中深沉的父爱，理解父亲对孩子无言的付出，让我们的孩子更懂得爱，懂得珍惜，我留了一项特别的家庭作业——让孩子们写一篇《背影》的读后感。同时也想让各位父亲写一段《背影》的读后感，不需要很长，几句话就可以，目的是让孩子们看到您成为父亲之后重读《背影》时获得的深刻感受。我知道很麻烦各位家长，但还是希望得到您的支持，这是对孩子进行亲情教育的一次难得的机会。让孩子们看到无言的父爱，一样深沉如山！如果您肯支持我，就请您写完之后署名，发送至我的邮箱，署名×××父亲。如果您手写的话，也请您写完之后交给孩子，让孩子明天带给我即可。周四的语文课，我会在班里进行一次展示，让孩子得到您文字背后爱的感化！谢谢各位家长了！（语文课不仅仅是属于"课堂"的课。邀请家长共读，让家长参与孩子的阅读体验，这在学前阶段和小学低年级往往做得不错。年级越高，这方面的体验越被忽视。亲子阅读在中学阶段为什么不可以呢？小屈老师这一招漂亮！）

这条短信得到了众多家长的支持，他们都很感谢能有这个机会重读《背影》，更希望通过这个机会理解自己的父亲，进而理解自己的儿子，让他们的孩子也能更理解自己。这是一个令祖孙三代都受益的机会，很多家长在凌晨的一两点翻开语文书，读到泪流满面，写出了几千字的真情感受。（家长好可爱！但家长的可爱是需要唤醒的。我们的小屈老师，就做了这样一个可爱的唤醒者。她其实是给了家长一个倾诉交流的机会，给了家长一个倾诉交流的平台。）

我真的没想到，家长的文笔竟然如此出色，我读着读着便被其中的真情和无奈感动得落泪。真的，他们的文字不比任何一篇阅读理解范文差！（用来训练孩子们的阅读能力、挣得阅读分的所谓的"阅读理解"，在我看来大多都是伪训练。因为这样的训练背后的知识体系本身就有很多荒唐之处，不管是常态的阅读还是创造性的阅读，都和这样的"阅读训练"相去甚远。初三、高三的老师常说自己在题海中浮沉之后"丧失语文感觉""不知道该如何教书"了，就是被这样的"阅读理解"害的。）这样的文字，我必须全部打印出来，必须让所有孩子都读到！（我被两个"必须"深深打动。这是什么？这就是教育教学的激情啊！）

而这堂课的设计也诞生了：纯粹的读与看。（平时我们太执着于讲解了！传统的课堂被知识点和考点挟持着，我们常常不敢不讲。但其实，语文教学真的每堂课都需要烦琐的文本解读和考点落实吗？"读与看"对应着两种境界——朗读和默看，这是最原始的教学方法，我想，可能也是最接近语文本质的教学方法。这样的选择本就是勇敢的！）

我不做过多的阐释。我相信，最简单的也是最深刻的。我截取了这些读后感中动人的句子，将它们放在 PPT 上，并标红最令人感动的字眼，然后隐去了孩子的名字，期待着收到让孩子惊喜的效果。

于是，这堂课的过程就成了以下这样。

一、导入环节

展示故事《苹果树》的图片，老师动情讲解并配乐。（这个材料很经典。经典的东西不怕老。）

导入语为：这是男孩与苹果树的故事，也是我们每个人的故事。这棵树就是我们的父母。小时候，我们喜欢和爸爸妈妈玩，长大后，我们就离开他们，只在需要什么东西或者遇到麻烦的时候才回到他们身边。无论如何，父母永远都在那儿，倾其所有使你快乐。你可能认为这个男孩对树很残酷，但这就是我们每个人对待父母的方式。而我们的父母，却永远像这棵树一样地爱你！

引出主题：深沉父爱。（语文课是需要一些好的"辅助材料"的支撑的，这和课上得朴素、本色并不矛盾。我一点儿也不排斥在语文课上适当使用音乐、视频、网络等手段。只要是为了帮助学生走进文本、走进文字深处，我认为都可以。用"滥"了当然不好，喧宾夺主地用当然也不好，但是"谈用色变"更不好。反思是不必矫枉过正的。）

二、我们的父亲重读《背影》

我选取了大概 9 位家长的动人语句，先任选一个孩子起来朗读，然后打出这位作者的代称——×××父亲，全班立刻掌声雷动。此时再让署名对应的孩子起立诵读，那孩子早已泣不成声。家长们的文字太感人，无论是情景画面的再现，还是才气纵横的律诗，都让人不禁鼓掌落泪。依次下去，当孩子们诵读完 9 位家长的文字时，全班几乎成了泪海。（读！读自己父亲的文字。在一个人的生命历程中，有多少机会朗诵自己父亲的文字呢？这些文字记叙着三代人、两代父子的情怀。人心都是肉长的，当父亲把心交出来，而且是用文字的形式表达出来的时候，与平时的"说教"就很不同了。"泪海"的形成彰显出文字的力量，什么教材能比得上这些文字呢？）

三、全班朗读《背影》"望父买橘"的情节

此时，孩子们对这部分的文字已经有了更深的理解，无须多言。我用了网上的一段话作结：很多时候我们不是去看父母的背影，而是承受他们追逐的目光，承受他们不舍的、不放心的、满眼的目送。最后才渐渐明白，在这个世界上，再也没有任何人可以像父母一样，爱我如生命。（在学生动情之后回读《背影》，这一步太关键了！在学习课文时或许还有不少学生难以走进那种平淡朴实的文字，但此刻他们一定会有更深的领悟。）

四、穿插《天亮了》这首歌的背景，并播放歌曲

此时情感渲染几近高潮。在这样的氛围下，我把早已印制好的家长的读后感分发给孩子们，两大张纸共四面，将近一万多字，并预留出二十分钟的时间，让孩子们充分地阅读。抽泣声和呜咽声不时地传出，我从未见过这样的阅读景象。（用经典的流行歌曲为孩子们的"心事"点题，为下一步的阅读渲染气氛，做得好！"预留出二十分钟的时间"更是大胆，更是勇敢。让孩子们安静地读，安静地悟，安安静静地梳理自己的情感世界，这是无声的交流。我们的课堂上太缺乏"静读"了，教师受不了"静读"带来的沉默，学生在长期的喧嚣之中也失掉了"静读"的能力。其实，"静读"应该成为语文课堂上主要的形态。这需要教师和学生保持定力。）

五、发言环节

让孩子们起立说一说自己的感受。此环节的处理并不好，很多孩子哽咽激动到无法言说。事后我想，为什么一定要说点什么呢？孩子的泪水已经代表了一切。（不是"说"的错。孩子们哽咽了，不是他们不愿意说，而是他们需要说。中国人在爱的表达方面实在太含蓄了。许多人可能一生都没有对父母说过一句"我爱你"或者类似的话，成年之后也几乎不拥抱父母。我认为，这是中国人生命的大缺失。说出来和不说是很不一样的。语文课应该成为这样的一个"场"——激发言说的欲望和勇气，让孩子们在言说之中感受到生命的酣畅。况且，爱是需要交流的。我当班主任时，每一次家长会都要设置情境让孩子们把"爱"说出来，目的即在此。）

六、用林徽因的《人间四月天》继续铺垫

让孩子们齐声朗读这首诗歌，告诉孩子们，这是一位母亲对待自己刚出生的孩子的感情，对任何一位父母来说，孩子都是他们的希望，是他们的四月天！（我建议，在读这首诗之后，再重新诵读《背影》中的某段文字，最好是结尾的一段。告诉孩子，父母在迎接我们到来时，他们的文字都是青春盎然的，但是他们也会老去，也会在经历了生活的摧残之后变得不那么漂亮，不那么有力量，甚至变得和我们无法交流，令我们讨厌。这个时候，我们如何面对父亲的"背影"？提出这个问题——用不着让学生讨论发言，否则就成了思想品德课了——只是由此创造一个契机，让学生再读。读什么？读《背影》中写"我"流泪的文字，适时推出最后一首小诗，比如云亮的《想给父亲做一回父亲》。不管是什么，一定要表现出儿子对父亲的呵护。相信这么一比读，孩子们对《背影》的思考还会上一个阶梯。）

七、使用展现父母之爱的动人图片做最后的渲染，并用网上的一段话作结

总有一天我们会老去，那一朵圣洁的爱的莲花也会渐渐离我们远去，以至朦胧得见不到一点影子。但只要想着它，只要不淡忘它，它便会温暖着我们的心，激荡着我们的生命，围起一道抵御物欲横流、市侩丛生、庸俗泛滥而真情稀薄犹如缺氧的高山大漠的长城。我们便不会自我溃败而沦落为高级动物。我们就会懂得，有的感情绚烂如节日的礼花，却转瞬即逝，有的感情刻进树的年轮，刻进霜晨月夕，刻进日月星辰而地久天长！（结尾的这段话和《背影》游离，而且也不一定是指亲情，不是最好的。另找一段紧扣"背影"的文字才好。）

到此为止，整堂课结束，时间是四十分钟。课后，孩子们的情绪久久不能平复，下午看到我进班留作业还开玩笑说："老师，我们今天哭惨了！您就体谅体谅我们，别留作业了吧。"（在这个时代，泪水比金子珍贵啊！）

这就是今天这堂课的全部流程，看到了孩子们感动的泪水，我想，这堂课的目的也就达到了。只要孩子们今后回忆起《背影》，能想到那些感人的画面，能想到自己应该对父母多一些理解，那么这四十分钟就是值得的！（是，这堂课表面上好像和考试无关，和分数无关，但是这样的课和生命的质量有关，和情感的质量有关。其实，也和考试有关。起码，在未来的写作中，有了这样体验的孩子，就不再是写作文，而是写文章了。）

准备这堂课的时间较长，包括家长读后感都是在上课前几十分钟打印出来的。（这样的课，从构思到准备，都需要教师情感和时间的大量投入。因为付出，所以成功；因为付出，所以享受。）王君老师上学期上的一堂课给了我太多启示，朗读与阅读结合，氛围的营造让我受益匪浅。（因为善于学习、善于模仿、善于创造，年轻的小屈老师正快速进步着！）

总评：

上出这样一堂课的教师，首先是有情怀的，她不是只把课文当作"课文"来处理，把学生当成"学生"来对待。这个老师的内心深处有深刻的生命之爱，所以她才能超越教材，超越"语文教师"这个职业。其次，她是富有想象力的——语文的"空间想象力"和"时间想象力"，所以她才能够把自己的教学当作一个生命整体来观照、来设计。把课内外的时空，把文本和阅读者的时空，把师生的时空，把家庭和学校的时空，最为重要的是，把一代人和另一代人的时空全部结合，全部打通。于是，语文课呈现出生命课的状态。这是语文教学的美好境界，也是最高境界。

为仅有一年教龄的小屈老师的探索喝彩！

到底该不该进行课文穿插和拓展？

问：王老师，我备一堂课，总是为穿插和拓展的内容煎熬。不拓展吧，觉得教学内容很薄弱；拓展吧，又怕分寸掌握不好被质疑跑偏了。文言文教学时更是对"文"和"言"的权重取舍犹豫不决，希望得到您的一些指点。

我的思考：这个问题不能一概而论，要针对具体的文本和具体的学生来分析。含义深刻、意蕴丰富的文本如果没有穿插内容的辅助，有时候很难达到理想的教学效果。如果学生素质比较好，只停留在文本本身的教学很难满足学生的求知欲。所以，我是赞成语文课上适时适量地拓展的。但是，分寸一定要把握好，不可喧宾夺主。呈现的时机也需要仔细斟酌，要科学，要巧妙，要不露痕迹。还有一个问题就是教学学段的层级问题。你在初二教苏轼，不必急着把一个完整的苏轼推到学生面前。学生上高二还会读苏轼，上大二也可能读苏轼，中年老年了也还可能读。经典阅读是一辈子的事，我们不要太着急。

关于《记承天寺夜游》教法的争论

这是北京通州一位老师的课，这次教研活动的主题是教师课堂教学升格。我和《中学语文教学参考·中旬》的执行主编梁明书老师，还有王云峰老师一起到了通州，给老师们加油助阵。形式是他们先独立备课、上课，之后由我们评课、论课，然后老师们再修改、再上课。

通州二中的老师上了两节课，一是《记承天寺夜游》，二是《荷叶·母亲》。课后大家自由交流，我说得比较多，整理出来，大概有以下几层意思。

首先，我还是反复强调"每个人都是对的，但每个人都可以多听听他人的意见"这个观点。这不是作秀，我现在真的就是这么想的。我们必须要有这么一个前提，否则，交流最后往往都会变成怄气和争吵。

我现在备课，一般会从两个角度去思考：一是宏观的角度，二是微观的角度。宏观做法就是先整体观照一下摆在我面前的这篇文章。我会问自己三个问题：第一，它值不值得我讲？第二，它值不值得我精讲？第三，它适合我用哪种课型来讲？

比如《记承天寺夜游》，我首先判断它是中国古典精品。这篇短文能够征服我，是因为它确实是苏轼的代表作，是"神品"，按照王荣生老师的说法，当属"定篇"编制。它值得我精讲。

确定了值得教之后，我会思考它适合用哪种课型来教。"就文本特质选择教学策略"是我曾经申报成功的一个课题，根据文本特质，我把我的课型基本划分为主题型文本、诵读型文本、写作型文本、拓展型文本和思辨型文本。像《记承天寺夜游》这类文章，我毫无疑问地会归入主题型文本，并且利用"导读课"去处理。这是我对文本的最高礼遇——只有精品文本才能享有的礼遇。

宏观观照还有一个层次。因为《记承天寺夜游》是文言文，我们就从文言文的角度再来做一个选择：教这篇文章，是该侧重"文"还是"言"，抑或"文""言"并重呢？《活板》《核舟记》这类文本当然必须侧重"言"，而对于《送东阳马生序》，"文""言"则须并重。《记承天寺夜游》仅仅80来字，表达平和，文字无甚难点。但它属于典型的浅文丰意，文章虽短而内涵丰富，所以必须侧重于"文"。这类文章看起来一目了然，细细探究却有无限广阔的天地，没有老师的帮助和点拨，学生很难真正读懂。

完成宏观观照之后，再从微观上进行研究，也就是要选择具体的教学策略了。这个层面的思考要侧重以下几个方面：你有"主问题"吗？你的"主问题"恰当吗？你的"辅问题"表现出了层次性？在教学细节上，你的策略有效吗？

主讲这篇文章的老师虽然年轻，但是淡定温婉，其人格特质和《记承天寺夜游》天然合拍。优点我就不表扬了，只说说可以继续提升的地方。我们一起探讨了以下几个问题：

关于导入。她用"夜"字的篆书来导入，让学生猜这是什么字，然后解字引出"月"，令人眼前一亮。我之前从未见过这样的导入，很新颖。近两年来"说文解字"逐渐进入课堂，这是老师们的进步。但可惜的是，她后面的课堂流程再也没有提到过这个"夜"。导入于是成了涸泽。我记得契诃夫说过，戏剧的情节是必须前后呼应的，如果在第一幕里墙上挂着一支枪，那么在第三幕里这支枪就一定要打响。对这个观点我深以为然。一堂课四十分钟，就如同一篇文章，处处照应才能自圆其说。

关于"言"。这位老师导入后，组织学生朗诵了一遍，就直接开始分析，让学生体会苏轼情感的变化。我想问的是，整堂课只读一遍够吗？字词完全不涉及恰当吗？如此短小的文章，不当堂背诵甚至默写是不是有点儿可惜呢？老师解释说课前已经让学生预习过了。这么做固然没错，但是就常规课而言，学生预习归预习，老师课堂上的点拨落实还是少不了的，我们的教学一定要面向大部分的孩子。我敢说，你当堂搞个测试，哪怕孩子预习过了，也还是有相当一部分孩子讲不出"户""遂"的意思，还有写景那个关键句子的翻译也绝对是难点。所以，文言文的"言"即便简单，也绝不可以丢。公开课上讲这些内容似乎显得不太好看，但是我们要克服这种心理，初中的孩子是必须要落实基础知识的。

文言文的美文教学，诵读是最基本的，也是最好用的手段。如果读得太少，或者根本不读，你无论如何也说服不了我。

80多个字，如果不当堂背诵下来，那么课堂效率就太低了。宁可少分析，也要让孩子们当堂背诵下来，尽可能不要把作业留到课外去。我现在觉得，无作业应该成为一种常态。孩子们在语文课外应该做什么？我认为是定向读写和自由读写，不要让他们课内课外都纠缠在那几篇课文上。

关于"主问题"。这位老师没有"主问题"，只有一个大问题——苏轼情感的变化。整堂课主要就是带领学生在80多个字中依次把苏轼的心情梳理出来。整堂课缺少提纲挈领的一个抓手。

关于"辅问题"的层次。由于这位老师没有设置"主问题"，所以全部问题都成了"辅问题"。整堂课在面上铺开了许多问题，但层次性看不出来。

关于课文的理解。这位老师一开始就带领孩子们探讨苏轼的心情，结果只得出苏轼很郁闷的结论。原因是这么晚了还睡不着，肯定郁闷。我提出反对意见，说古代文人是有很多雅兴的，夜来不睡也许是在读书，也许是在弹琴，还有可能作诗作画等。比如《王子猷雪夜访戴》的故事，人家一晚上不睡，但丝毫不郁闷。该老师说结合时代背景，苏轼被贬谪，肯定郁闷得睡不着。我继续反驳，咱不能去猜，去戴帽子，得根据全文的整体基调来分析。反正我觉得苏轼在这则短文中并没有郁闷，如果郁闷了，他就不可能看得到"月色"，也不会"起行"而"欣然"。

关于教学的深度。这问题引发了大家的争论，上课的老师除了略微提到贬谪背景外，并没有引入、穿插其他的内容。我个人总觉得好像缺点儿什么，就 80 多个字谈 80 多个字，这课有点儿单薄了。但其他几个专家的意见和我不一样，他们不认为一篇短文需要负载那么沉重的内容，不认同让学生通过 80 多个字了解苏轼一生的做法，他们认为把《记承天寺夜游》当成一篇夜游写景的文字来欣赏，感受苏轼的闲情就可以了。语文教学应该减负，彻底地减。

对这个观点我琢磨了好久，最后我还是坚持认为适当地拓展可以给课堂增彩。"苏轼"这两个字，对于中国文化而言，已经成为了一个符号。不仅是文学的符号，还是精神的符号，他对中国文人的影响实在太大了。对于后人，他是精神的高标，是灵魂的慰藉。他不是被神化出来的，是他的人生、他的作品一字一句证明着的，他有能力和实力担当这样的荣誉。教师只需要摆出他的经历和他的诗文，一切便都不言自明了。避开苏轼的哲学意义和文化意义，这对分析苏轼作品来说无疑是一种巨大的浪费。

我们无须担忧学生在《记承天寺夜游》中了解过苏轼之后，就对《念奴娇·赤壁怀古》或《前赤壁赋》不感兴趣了。苏轼这样的人物，值得我们年年讲、天天讲，年年读、天天读。我们讲一辈子，也讲不完这个伟大而可爱的人物。对于青少年来说，讲苏轼就是给予他们青春的最好礼物。这个人，讲他万遍也讲不厌倦，孩子听他万遍也听不厌倦。

当然，在具体的课文教学中，度和量还是需要把握的。穿插就是穿插，辅助就是辅助。引入的内容再重要也不能喧宾夺主，否则教学目标就可能完成不了，学生的负担也重了，课堂也臃肿了。课堂内容并非越多越好，否则就成了费力不讨好的课。

对这个问题，各人有各人的见解，还是根据自己学生的情况来定吧。孩子们能不能"吃饱"，或者是不是已经"吃撑"了，在不同学校、不同班级，都会有很大不同。这种向纵深设计的上法，比较适宜基础扎实的班级。七槐子老师主张"横势上法"，就是说不深究下去，另找几则情韵相通的文言文辅助着去诵读，我看也是个好思路。听课前我专门请教了余映潮老师，他老人家上《记承天寺夜游》，既不纵深挖掘，也不横向开拓，什么材料都不引入，我看他的课也很有味道。余氏风格就是这样的，淡定从容、重视基础，他死守语文的工具性阵地，自成一派，也是别有洞天。

所以说教无定法，谁也无权要求别人必须怎么上，我们讨论这些问题仅仅是为了教研、探索。

我说了很多，最后给上课教师提了些建议。

最关键的是重新设置"主问题"，可以从哪些角度去切入呢？平时大家用得最多的是"闲"，这是必然的，"闲"是文眼，无论你怎么上，最后都得归结到对"闲"字的理解上。把"闲"理解透彻了，其他的问题就都迎刃而解了。但由于大家都这样上，要出新就很困难了，最好是另辟蹊径。从"夜"字入手，我看也可以。从普通意义上的"夜"，到苏轼的这一"夜"，再到苏轼的人生之"夜"，最后归结到苏轼夜游之"夜"的非同寻常上来。通过"夜"字，是可以势如破竹的。也可以用"游"字来切入，苏轼这一"游"不同凡响，时间、地点、伴侣、景色、心情都是非常之人的非常之"游"才具备的。这"游"写得也很神奇，处处不写"游"，处处又在表现"游"，在似"游"非"游"之中我们感受到心灵的"游目骋怀"。

这就是苏轼的好文章！不仅在思想上滋养后人，作为后世的教学文本，它自身的资源甚至可以让我们"左右逢源"，苏轼真是奇了！

其次是"辅问题"的层次性的问题。取景照相都必须有层次性，否则那照片就混沌一片了。穿衣戴帽也得有层次性，否则你穿得再昂贵，身体的曲线出不来，也还是没有美感。去理发厅打理头发时，发型师说得最多的也是层次性。层次性意味着课堂引导的阶梯设置，体现的是教师的思维层次，是对学生的关爱，是必须有的"预设"，是课堂能够生成高质量内容的保障。

如果以"闲"切入，"辅问题"怎么问？第一，苏轼自称"闲人"，文中哪些地方能看出来他是"闲"的？让学生紧扣文字自己去琢磨，比如闲而不睡，闲而见月，闲而觅友，闲而散步，闲而赏月，闲而自得，等等，言之成理即可。第二，苏轼真的"闲"吗？这就需要适当引入材料了。乌台诗案后，苏轼是既闲又不闲。"闲"是因为被贬，有官无责，不让你做事；"不闲"是因为生活太艰难，自己租地耕种，尚不能温饱。好些诗词都可以证明的。总之，在这一阶段，这个文坛领袖的劳动任务很重，经济状况是很潦倒的。第三，苏轼身不闲，心真"闲"吗？回过头去再琢磨那写景的句子和感叹的句子，我的感受是，"心闲"是真的。苏轼是彻底接受了生命中的不完美，化腐朽为神奇了。他就是一个掉在阴沟里也要仰望星辰的人，他的"一蓑烟雨任平生"不是写在纸上，而是渗透于生命的每一个细节中。行到水穷处，坐看云起时，苏轼基本算是超然了。

你说他是"要官"也好，"假闲"也好，反正不能说服我。从文字中，我看到苏轼天真极了，豪迈极了，通透极了，不像"要官"的样子。

讲到这个地步，适当引入他在流放过程中写的那些乐观奇绝的句子，只须两分钟，课堂的高潮就出来了。学生的心中将会立起一个顽皮快乐、永远以赤子之心面对残酷生活的苏轼。这样的课，咱们对得起学生了。

语文教学，从语言文字出发，最后培养的一定是学生的生命情怀和生命意识。课不上到这个地步，就很难有感染力——不管你的知识教学多么扎实。

最后是对学生进行咬文嚼字的训练。只有把课上"实"了，学生才会服气，这课才有说服力。要做到这一点，教师得有硬功夫。对于那些文字的奥妙，你自己首先得看出来一些，你自己都看不出来就别谈设计了。我同意一个观点，语文教学主要不是教"写什么"，而是讲

"怎么写"的问题，对语言形式的探讨是重中之重，是所有情感教育的基石。没有这一步，那课就是政治课、历史课，而不是语文课了。

比如《记承天寺夜游》中那句写景的千古名句，你怎么教？有些老师根本没有教，直接就拿出答案了，这当然是不行的。怎么教呢？说简单也简单，咬文嚼字不过就是增删调换，就是在增删调换的基础上变形朗读。

比如去掉"盖竹柏影也"的"盖"字后再读一读，你会发现苏轼的形象就模糊了。

比如把"竹柏"换为"树"，可以吗？当然不好。

可以让学生想象，人在积水空明中像什么呢？这必然会掀起思维高潮。还可以将"庭下如积水空明，水中藻、荇交横，盖竹柏影也"变为四言诗、五言诗、七言诗，让学生摇头晃脑地读和背，你说美不美？总之，方法是无穷尽的。只要你读透了这个句子，就能够想出招来。

语文教学是一个从看不见到看得见，从看不清到渐渐看清的修炼过程。教师不读书、不思考、不深刻地体验生活，只抱着几本教参混日子，是不可能把书教出神韵的。

积淀、眼光、情怀，决定着你的课堂的高度。

"精致家常"与"满汉全席"

——漫谈余映潮老师和卢望军老师的《记承天寺夜游》

谢谢大家刚才的自由发言。

现在揭开谜底。这两堂《记承天寺夜游》的授课教师，都是我非常敬佩的朋友、两位忘年交——余映潮老师和卢望军老师。

大家对余老师都不陌生，他应该是当今初中语文教坛上最有影响力的特级教师之一。望军老师还年轻，是岳阳八中的女老师，我们是通过网络认识的，我建议大家读读她写的东西，她非常有才，非常坚韧，十分勤奋且聪慧，前途无量。

今天的教研活动之所以选取他们的课例作为研讨内容，是因为这两堂《记承天寺夜游》太不相同了，太有研讨的价值了，太有趣了。我给高等教育出版社做关于文言文教学的国培讲座时，找了一些很好的课例来研讨，这是其中的两个，今天再特意提出来，作为教研活动的讨论内容。

如果暂且抛开初中语文教学这个大前提，这两堂课我都非常喜欢，非常欣赏。这两堂课都是极有创意的课，是值得我们反复学习、揣摩、玩味的课。

对这两堂课，我可以这样作比较：一个是一位著名老教师设计出来的一堂很"简单"的课；一个是一位青年教师设计出来的一堂很"不

167

简单"的课。打个比方,如果余老师的课是"精致家常",那么卢老师的课就是"满汉全席"。

余老师的"精致家常"清清爽爽,不油不腻,温润恬淡,唇齿留香。卢老师的"满汉全席"则轰轰烈烈,色香味美,颇具重庆火锅的派头,无料不可以入锅,无草不可以成菜。

这两位老师一老一少,都很有追求,极有想法,代表了不同年龄阶段的教师对语文的理解和定位。

没有余老师的这般修炼,不经历岁月的沉淀,恐怕没有勇气这么上课。就像我一个重庆妹子初到北京,第一次见识北方人涮羊肉汤锅时,不觉大惊,这也算火锅吗?我看到的分明就是一锅白开水啊!可是北方人就吃得津津有味。他们吃不了重庆火锅,虽然也觉得那红油、麻椒好看,但他们敬而远之。他们觉得重庆火锅吃多了会伤身体、败胃口。

若非有足够的才气,不到而立之年的老师也不敢像卢老师这么上课。苏轼的资料俯拾皆是,寻找起来并不是难事。但问题在于,不是所有人都能够把这些材料进行组合、提炼创意,然后设计成一堂课。简有简的难处,繁亦有繁的难处啊!

这两堂课,谁更优秀?我觉得很难说,不好比,或者说也不用比,老练教师和青年教师本就不具可比性。个人有个人对语文的见解,各班有各班的学生特点,课堂教学设计永远是为"这一个"服务的,没法儿比。

我们能够做的仅仅是思考,站在第三方的立场上进行思考:为什么余老师要这么上?为什么卢老师选择这么上?同样的一篇课文,他们对教学内容的选择、教学手段的使用,甚至教学目标都是迥然不同的。在这些"不同"中，我们能获得哪些有益的启示？

关于苏轼的诸多信息，大部分语文老师都了解，查找也非难事。为什么余老师不用？

有关苏轼的材料如此庞杂，教师光是阅览都费心力，还不说要思考、要表达。我不相信卢老师没有考虑过这个问题，但是她为什么坚持要用？

从他们的"舍"与"留"中，我们能够悟出文言文教学的什么门道？上课确实如烹调，同样的食材交给不同的厨师，最终的成品可能差距很大。如何评判？我想起码应该考虑以下几个问题。

第一，这个菜谁来做？这个地方的饮食文化如何？这个厨师追求的风格如何？

第二，这个菜做给谁吃？食客的体质如何？口味如何？

第三，要考虑做菜的成本。在相同的质量下，如果成本越低，菜的"价值"就越大。

第四，要考虑这个菜对食客的影响。吃多少不是问题，关键是吃了之后的结果。是吃不饱，还是刚刚吃饱了呢？是吃得既饱又好，还是吃得太多拉肚子了呢？

于是，从个人角度，我可以得出以下结论：

余老师的课，是一个执着地追求"大道至简""朴素即美"教学风格的老师的作品。他面对的学生大多数都是普通学生。他的课成本不高，课堂比较从容，节奏比较舒缓，学生有大量的思考、朗读的时间，大量的沉思默想的时间。他的课堂比较安静，大部分学生下课后就能背诵甚至默写，写作业或考试也不会有很多困难。但有一点遗憾，层次高的学生可能会感觉"吃不饱"。

卢老师的课，是一个正处于鲜花烂漫的年龄的女老师的课。这个阶段的青年教师正脱离幼稚期，迈向成熟期。他们一般还没有发现自己的教学特质，还没有到坚守自己教学风格的时候，丰富和浪漫是他们不自觉的追求。卢老师的学生应该非常优秀，有很好的文言积淀，性格活泼，能言善辩。卢老师的课堂可能有点儿挤，有点儿闹，教师必须大段大段地说话，必须快速地转折和递进。学生思维特别灵敏，教师头脑要转得飞快。这堂课一直高速前进，不能停下来，也停不下来。这顿"满汉全席"吃下来，一部分学生可能会很难忘，甚至对苏轼产生一定的兴趣，而另一部分学生可能会很累。虽然教师会有成就感，但大部分学生未必能当场背诵这篇80来字的短文。这堂课的成本也比较高，包括老师准备的成本、课堂时间的成本和学生思维的成本。

从整体上观察，余老师确确实实是在给初二的学生上语文课——学生学懂了这一篇《记承天寺夜游》。而卢老师，则像在开展讲座——苏轼的相关知识基本上一网打尽了。

我想，年轻的、在语文教学上追求浪漫的老师会喜欢卢老师的课，年长的、在语文教学上历经风雨的老师不太会喜欢卢老师的课。至于余老师的课，也是有的人喜欢，有的人不喜欢，原因我就不多说了。

如果是赛课，余老师的课能评几等奖我不太敢说，但按照我的经验，卢老师的课可能会有争议，落败的可能性也比较大，特别是在语文教学又一轮大反思涌来的背景下。

我呢，我是两堂课都喜欢，确实都喜欢。在两堂课中，我都发现了自己的影子。但说实话，我既不会像卢老师这么上课，也不会像余老师这么上课。

跟卢老师一样，斑斓、厚重、灵动的课堂曾经是我的追求，现在也还是。不过年龄渐长，我慢慢意识到简朴和简单的可贵，也意识到课堂不能只让教师纵情发挥，也要让学生学得舒服。但是，他们吃多了，一定不会舒服。

我欣赏余老师的许多课，到现在我仍认同余老师的教材处理方法和课堂运作理念。课堂的常态要追求"慢慢的""稳稳的"，同时不排斥追求激情。只是，我要硬学余老师，是肯定学不像的。我是女子，重庆女子，青年的重庆女子，活泼灵动的重庆女子，我只能追求具有"青春之语文"基本特质的"慢"和"稳"。余老师再好的教学设计，也是他为自己量身打造的，谁也学不来。给你余老师的教案，你也无法上出他的味道，还可能上变味儿。我们学的，永远是余老师的理念和精神。

学卢老师也是一样。一个年轻女教师，这么有钻研精神，这么有创造力，叹为观止！语文教学实在是后继有人啊！我相信再过几年，卢老师回过头来看自己的课例，应该会悄然一笑的。我建议她大幅度地删减教学内容，简化教学头绪。青年教师越早有意识地追求化繁为简，成熟得就越快。当然，我自己也是这样。

"精致家常"应该常吃，"满汉全席"也可以偶尔吃吃，这就要看"厨师"的整体规划了。

最后，我再次向两位老师致敬，他们创造出这样有价值的课例，再多也不嫌多。

关于《记承天寺夜游》，我说得实在太多了。过去讨论的时候，首都师范大学的刘占泉老师曾发表过一段评论，非常精彩，此时重温，算是共勉。

关于《记承天寺夜游》评课的思考

刘占泉

王君老师这么评课，太激烈了。我前天刚教完这一课，借初一班级上的，当堂背诵了此篇和《王子猷雪夜访戴》，并复习了另一则上学期学过的文言语料，现有感而发，说一些不同意见。

教学类型不同，教学内容、重点和教法势必迥异。你主张采用美读、咀嚼型（兼类），甚至是文学鉴赏型进行教学。在初二这样设计教学，要看是否具备具体的教学条件。我采取的乃是主题诠释型，选定的教学主题是"文言的腔调"。我选择了三则文言语料，围绕主题，用诵读活动加以"诠释"，在学生头脑中埋下这一粒种子。为什么必须"一刀切""齐步走"呢？教师应该有自己选择教学类型的权利，根据客观需要决定课文内容的开掘深度。

我理解你对这篇课文的热爱之情，一定要按照所谓"定篇"的规格，教深、教细、教好，让学生终生不忘，为其后学习苏轼作品张本云云。但是，你忽略了两点。

第一，课文是可以多次教授的。小学生学习《记承天寺夜游》，也必须按照你的这个路子教吗？恐怕不行。小学生可以先背下来，到中学时再学一次，适当提高欣赏的标准。到大学中文系还是要学它的，欣赏的深度、广度当然非中学可比了。凡遇见经典作品，便必须如何如何，这个思维定式妥否？望揣酌。

第二，要达到你期待的教学深度，光靠单篇课文恐怕很难实现。你的看法是，苏轼是真的心闲，他是彻底接受了生命中的不完美，化

172

腐朽为神奇了。也许到了学生能够系统地开展古典文学鉴赏的时候，以"闲"为主题词，选择若干篇苏轼的作品，安排一次专题教学，能够实现你的这个想法。按现在的学情来看，该专题教学安排在初三或者高一才比较可行。教学是科学，不能强行越位，做成"一锅夹生饭"。

文言文教学要划分阅读能力的层级，规定各阶段的教学重点，不该不分学段、年级地一网打尽。小学没有提出文言文教学要求，初一、初二属于文言文阅读能力培养的起步阶段，应该重点关注认读、释义这两个阅读能力层级，大量积累经典的文言语料，积淀文言语感，适当渗透一点文学鉴赏元素即可。按照你的教学设计，在初二第一学期便强行组织较大强度的古典文学鉴赏活动，从战略上考量妥否？望斟酌。

我觉得目前文言文教学的主要问题是只有战术，没有战略。从初一到初三的教学目标、教学重点、教学方法，几乎可以画等号，哪里有梯度可言？初一该模糊的偏要清晰，追随着初三做习题。初三本应该清晰的又清晰不了，如涵泳与审美等。鉴于此，希望你多关注"主义"，少在细节问题上和别人抬杠。总之就是一句话，语文教学首先要追求科学性，然后发展艺术性，最终达成二者的和谐统一。

老师是不是教得越少越好？

问：现在很多课堂模式都很警惕老师的"教"，提倡老师教得越少越好，甚至认为"不教"的老师就是最好的老师。您怎么看这个问题？

我的思考：对于流行的所谓"自主学习"我们也要警惕。我曾经教过几乎不用教的班级，也教过怎么教都教不会的班级。所以，教或不教还是由学情决定的。文本特质也决定着老师"教"的分量和方法。老师教得多或教得少并非评判的标准，评判的标准只有一个，那就是教学效率和教学效果。但是，就长远的培养目标而言，当放手时就放手，教师有计划地"不教"，是为了有计划地让学生学会学习。

语文学习的"真"和"诚"

今天看到刘占泉老师给郑逸农老师写的课例点评，谈的是非指示性教学的问题。刘老师站得比较高，一语中的，他说自五四运动倡导科学、民主以来，德先生和赛先生一直是语文教学追随的旗帜。多年过去，成绩多，问题也多，教学不"真"不"诚"的问题还在困扰着我们。专业技能的演练不"真"，教学态度方面不"诚"，必然导致教学效果不"实"。

这些话与我近日的教学相联系，使我想起了一些往事。

我和李镇西老师一起上过两次课，一次是在天津，另一次是在重庆。在重庆的那次，李老师做了一次发言。发言前，他特地嘱咐我："王君，我要发言了，可能要批评你们的一些做法，你不要生气啊！"那时我还年轻，二十五六岁，对名师们都是仰视的，他们说什么就是什么，哪里会有"生气"之类的情绪。李老师当时的发言，我其实也没太听懂，但还是明白他对我们这种设计得非常精巧、课堂效果看起来也很不错的课并不赞赏。

李老师上课，确实不是我这样上的。我听过三回，可以说他没有任何设计，总是让学生自由提问和发言。当然，并不是每堂课的效果都好，天津的那次最好，最后一次我个人认为是不太成功的。

后来年长了一些，我心中就生出不服气的想法，写了《语文老师不可以做演员吗？》之类的文章来发泄，言外之意是：你自己设计不出来好课就只能天马行空地上，还说自己的教学理念新，我看未必！

现在想来，真是年少轻狂又无知。为什么呢？因为不知道从什么时候开始，我也喜欢像李老师这样上课了。我这段时间的课，几乎全是这么上的。走进教室，我不喊"起立"了，不问好了，满面春风和轻快跳跃的步伐就是最好的问候。我要么是给学生读新闻，要么是让学生即兴演讲、语文小知识演讲，要么就是直接进入正课学习了。

如果不是太长太难的文章，我一般不会安排学生预习。我知道初三的学生没有时间，要求了也是白要求。另一个重要的原因在于，学生手上多的是比我的教参还要详尽的课外辅导书，这样的书提前一看，再自信的表情也是虚假的了。所以，我宁愿让学生以"零预习"的状态进入新课的学习。

我也不像以前那样总是提前准备好导语，最多是让学生猜猜今天学哪篇课文，然后就是一句话："读书吧，自学吧，中心发言的同学做好准备。"学生好像已经熟悉我的这套做法了，便开始大声读书，接着朗读变默读，然后紧张地埋头批注。我总不忘记提醒一句："任何参考书都不许看啊！也先不讨论，独立思考！"

长文章，自学10~15分钟；短文章，自学5~10分钟。所谓"中心发言人"，这是我不需要操心的，名单就贴在教室后面的墙壁上，按照顺序来，人人有份。发言的同学分为两组，第一组发言的三位同学主要谈论自己的自学收获，扣紧课文自由地谈，可以从主题、语言、结构、情感等角度切入，畅所欲言，只要是自己的感受即可，提问也可以；第二组发言的两位同学主要是对先前发言的同学进行评分和点评。

两种"中心发言"都是具有挑战性的。因为，第一位同学发言的时候，其他两位必须在教室外边等候。这是机会完全均等的发言，能够充分展示发言人的各方面能力，其本质是特定背景下的一种即兴演讲。加之又要评分，对学生就更富挑战性了。

等我出场的时候，往往一堂课的时间已经过半。我的任务是对学生的点评进行再点评，和学生一起处理中心发言人的发言中暴露出的问题疑点，即时确定这堂课的教学内容和教学难点。我的原则是，绝不讲学生已经明白的东西，重点突破引发分歧的问题和被学生忽略的问题。

这样的课，还有什么可设计的呢？今天该哪些学生发言，我是不知道的。今天学生又会走到文本的哪一个层面，于我也是未知的。语文课，对学生充满了挑战，对我也充满了挑战。学生对未知世界的探索和我对未知学情的期待让语文课具备了向心力。

这段时间的课，我上得无比轻松。

通过这样的课堂，我知道了教师和学生之间其实是隔着高山大海的。过去，我对《故乡》的总体设计是将"变化"一词作为课堂灵魂，精心对比闰土、杨二嫂和"我"的变化，由此归纳出主题。后来听了学生的中心发言，我发现"变化"对学生来说实在是无须多言的一个问题。老师自以为是地去比较闰土的脸、皮肤、服饰、语言、动作、神态等方方面面，其实是杞人忧天、自降门槛，浪费了课堂的大好光阴。从学生的中心发言中，我发现他们关注的问题主要表现为：

1. 为什么文中要反复出现"深蓝的天空"和"金黄的圆月"？
2. 为什么闰土要了"香炉和烛台"？
3. 怎样理解"他的愿望切近，我的愿望茫远"？
4. 怎样理解"我们之间已经隔了一层可悲的厚障壁"了？

5. 故乡有那么多人，为什么鲁迅要重点写闰土和杨二嫂呢？

6. 如何理解最后一段中"希望是本无所谓有……"那几句话？

…………

你看，学生通过自学了解的内容、想要了解的内容和我准备告诉他们的内容之间差距有多大？

如果没有学生的这一番发言，那么教师事先做好的课堂设计岂不完全是盲人摸象、一厢情愿？

郑老师的非指示性课例和我这段时间的课，无非就是在实践刘老师所说的"真"且"诚"的教学罢了。郑老师称它为"非指示性教学"，我称它为"青春之语文之第三境界——真诚机智的学情应变"，道理却是相通的——老老实实地上学生需要的课。

这阵子回忆起李镇西老师的批评以及他所上的课，成功与否是不必多在意的，值得琢磨的地方在于他在20世纪九十年代就已经这样上课了。所以，现在他成了中语界一面耀眼的旗帜。

现在，我似乎听懂了当初他对我们的批评，但不等于说就要全部否定自己。我以前的一些课就不好吗？远一些的课文，如《狼》《驿路梨花》，就是现在原样重上，随便给我一个什么班，我都可以上得扎扎实实。近一些的课文，如《湖心亭看雪》《纸船》，我就是用老法子上，也还是会很出彩的。

这些课和"非指示性"的课堂似乎是不一样的，它们有着非常精妙的课堂结构设计，教师精心设计每一个教学环节，在教学过程中具有非常重要的引领作用。这样的课难道就不好吗？问题在哪里？

其实并不是真诚与否的问题，但缺乏真诚的课肯定不是好课。可问题是怎么做到真诚？

有一种"真诚"，是从宏观入手的，比如刚才谈到的《故乡》和《我爱这土地》。这些课从一开始就要大刀阔斧地革新结构，从学生阅读的第一感知入手，确定教学内容，生成教学难点，突破未知环节。这种课适合有一定自学基础和良好质疑氛围的班级。这种课对教师的要求是很高的，诚意倾听，即时点拨，自由调控，潇洒开合。教师如果掌握得不好，往往会弄巧成拙，把课上得如一盘散沙。如果成功了，教师教得轻松，学生学得主动，就会成为能够体现新课标精神的一种课。

还有一种"真诚"并非体现在课堂结构的改革上，而是体现在课堂细腻的"肌理"中。记得以前看程翔老师的录像课，粗看似乎在串讲，没有新意，细看却体味到课堂微妙的起承转合。这种课多上几节，你会觉得自己聪明了好多，甚而连心态都平和了好多。那种真诚是不喧嚣的，它靠细节上的体贴取胜。

无论是大江东去一般的"真诚"，还是小桥流水一般的"真诚"，语文课都需要。

所以，闹嚷着为语文增添诸多新名词是没有多大意义的，关键还是在于你有没有犯先前刘老师谈到的那两个毛病——专业技能的演练不"真"，教学态度不"诚"。这些问题解决了，语文课怎么上都有道理。技法总是末位的东西，"真诚"是我们要追求的内核。

这个追求是不容易的，新的理念层出不穷，让一线教师眼花缭乱。一些专家认为，语文教学到了该让明白的更明白，让模糊的更模糊的时候了，让现实需要去检验应该明白的内容，让灵魂去感悟模糊的东西。或许只有这样，语文教育才能走出固有的怪圈，成为哪怕是普通教师都能自如操作的阳光课程。"教学内容是什么"这么一个其他学科早已解决的问题，在语文教学中仍亟待澄清。而在专家看来，语文教学的内容要在教学过程中由教师和学生通过教材共同生成。

这些观点似乎是对的，似乎还很时髦、深刻，但真的完全是这样吗？作为少壮派理论家的论述，这样的定论就显得轻率了。总有一些必须教给学生的东西吧，总有一些中华民族必须传承的东西吧？难道什么都由着学生来？对于专家的这些观点，窃以为，就算是"诚"的，却也不"真"了。

如何检测学生的语文能力？

问：我也知道，一张试卷检测不出学生真实的语文水平。但是受分数和排名的影响，我还是不由自主地只在传统的考试上用力。请问，在语文检测以及作业批改上，您有什么改革措施吗？

我的思考：语文的素养是综合的素养，语文的能力也是综合的能力。有的学生擅长做卷子，有的学生擅长演讲，有的学生书法好，有的学生喜欢写作……好的检测应该形成一个体系，让各种学生都能展示自己的长处，并使其得到充分的发展。决定一个人的未来成就的不是他的短板，而是他的特长。所以，我们要为学生创造发挥特长的机会。另外，平时的作业也是一种微型的检测，要努力动员全员参与，"全民"锻炼。教师的精力要用在设计作业上，而不是批改作业上。

期末开考，朗诵先行

——初一（12）班举行语文朗诵考试

重庆外国语学校初一（12）班在1月21日晚上六点半的班会时间拉开了期末考试的序幕，第一科语文进行了朗诵考试。考试持续两个小时，每个孩子的朗诵水平都在这次考试中得到了检验，最后有八个孩子喜获满分。

重庆外国语学校素有外语口语考试的传统，但语文口语考试尚属首例。该班语文老师兼班主任王君认为，口头表达是学生语文能力的重要组成部分，只有口头表达和书面表达都优秀的学生，才算是真正的语文优生。但在应试的压力下，语文口语考试长期被排斥，导致学生只重视答题能力的训练，而忽视口头表达能力的培养。口语教学和口语考试的无序化，不仅阻碍了学生语文综合能力的均衡发展，还让部分擅长口头表达的学生找不到自己在语文学习中的正确位置。

为了健全教学模式和考试模式，王君老师在自己的班级坚持进行语文口语的有序训练，每学期两次的口语考试已经成为王君老师任教班级的重要工作。

初一（12）班在期中已经进行了一次口语考试，内容为"读书报告演讲"。今晚举行的"诗歌朗诵考试"是本班孩子参加的本学期口语期末考试，考试成绩经过折算后将记入语文期末考试总分。

每个孩子的朗诵时间在 2~3 分钟,基本要求是声音响亮、仪态庄重、感情充沛、动作得体、抑扬有致。王君老师已经提前三周向全班同学提出了考试要求。

考试结果令王君老师欣喜,有八位同学获得了满分,90 分以上的同学也不少。

成绩优秀的部分同学让王君老师开了眼界,他们在这次考试中的朗诵表现远远胜过平时语文课上的表现。考试给了他们一次真正展现自我的机会,也让初一(12)班发现和培养了一群"朗诵新星"。

但令王君老师遗憾的是,朗诵考试还是反映出来一些问题。比如部分同学态度不端正,准备不充分,朗诵时间不足两分钟就匆匆下台;部分同学对朗诵的技巧比较陌生,情感的投入不够,动作的设计不恰当。

据王君老师介绍,有准备的朗诵和演讲是初中语文口语考试的第一步,初二将过渡到即兴朗诵或演讲,初三将过渡到即兴主持或即兴课本剧编演,难度会越来越大。王君老师希望以更加丰富多彩的形式促进学生语文综合能力的全面发展。

初一（12）班书写等级评定尘埃落定

重庆外国语学校初一（12）班的语文期末第二项考试——书写等级评定尘埃落定，3 名同学因全期书写满分而获得"初一（12）班小小书法家"的崇高荣誉，12 名同学因全期书写 90 分以上而获得全班同学的一致赞美。

本次考试没有采取定时定点考试的传统方式，而是以突然袭击的方式进行。在第一节语文课上，王君老师先请每个学生上交一本自认为书写最好的日记本以备检查，然后按计划举行了本学期最后一次阅读考试。其实，这两项活动都是本次期末书写等级评定的依据。王君老师批改完阅读考试卷子后，综合学生平时的书写情况和本次阅读考试的书写情况，为每个学生评出了书写等级。

书写能力本应是语文能力的重要组成部分，但是随着互联网的广泛应用，文字录入技术的成熟，钢笔书写陷入尴尬的境地。学生的书写能力整体下降，语文书写教学应该敲响警钟。由于教师的教学负担和学生的学习负担过于沉重，初中语文教学很难把书写作为一项独立的任务来落实。王君老师虽然为此做过一些探索，如制造班级舆论、掀起练字高潮等，但总的来说还是心有余而力不足，书写教学基本上处于一种随波逐流的无序状态。本次书写考试及班级书写等级的评定，就是为了尽可能地把这项工作抓得更扎实、更有效。

　　王君老师希望在初三毕业时，获得班级"小小书法家"称号的学生不止十位，且所有学生都能获得书写评定"一等"的荣誉。

学生参与练笔批改好处多

这学期，我在练笔评改上做了一些小调整，措施之一是让学生参与到练笔评改中来。

练笔还是在头天晚自习结束之前收上来。第二天早上我先浏览，再由值班小组批改。每个小组六或七人，每人平均批改十本。每个周日的语文晚自习就是小组专用点评时间。每一位同学点评 3~5 分钟，要求在评改中既有宏观介绍，又有重点推荐，并且至少要涵盖十篇日记。点评应该有一个明确的主题，我鼓励在形式和内容上进行创新。

这一措施实行了大半个学期，我感觉效果很好，也很有意思。

这么做首先是让练笔评改"活"了，彻底改变了以往老师一人看、一人改的模式，让批改成了大家的事情。只要政策对，人多力量大、人多智慧丰，就是个永恒的真理。开放式评改也让练笔写作更具有开放性，这对于激发学生写好小练笔具有潜移默化的作用。

最精彩的是每周的练笔点评时间，每个孩子都很珍惜这 3~5 分钟的发言时间，都希望在这几分钟内充分展示自己的才情和创造力。所以，练笔的点评形式得到不断创新，提炼主题的技艺也渐趋成熟。每周的这半个多小时，成了练笔点评汇聚的"满汉全席"，点评的同学尽情施展，倾听的同学津津有味。每个小组、每位同学都别具一格，真是异彩纷呈、精彩不断。

下面展示李思佳同学的点评案例，你可以从中窥见练笔点评课的精彩与丰厚。虽然小姑娘对练笔的分类还有些牵强，但 14 岁的小孩子能有如此思考角度和创意已经实属不易了。与此类似、甚至更好的案例还有很多，一时难以尽数整理（李思佳的书写特别好，我总是愿意为她打字），以后统统整理出来让各位看官开开眼界。

　　我们 12 班的学生真是天才啊！

【学生随笔】

悠闲的昭君①

　　最近，昭君又向她自由化、超现实、美好主义的教学迈了一大步，这是否预示着我们正向无师教学的课堂发起新一轮冲击？

　　很久很久以前，这位年轻、集无数荣耀于一身的教师，就有一个伟大而坚定的抱负——要做一个"不做事情"的班主任兼语文老师。为了实现这个理想，昭君老师很早就开始培养我们，一步步向这个计划靠近。

　　虽不记得每日进行班干部总结的习惯是何时养成的，但这法子确实很有用。昭君的班级管理以中央集权为基础，层层分下来，同学们包揽了班上所有的事务，好比一个完整的经脉，可以自己生长。只要每条经脉处理好自己的事，班级就能正常运转。而昭君呢，轻松视察一番即可。

　　各小组的讲课也是非常重要的班级语文学习推动力。每个小组平

---

① 昭君，学生对王君老师的爱称。

分了昭君每个学期应该完成的大部分讲课任务，这个方法对昭君的超现实主义教育理想有着巨大的贡献。其高明之处在于，昭君"闲"了，而我们忙了；昭君得到了解放，而我们获得了锻炼。

当然，还有很多小事，例如演讲后的自主点评、保管班级物品（图书、电线等）、值日安排乃至班务细节的打理，都有指定负责人。天啊，昭君简直是神！

那么，昭君还有什么事情要做呢？改日记！但是，改日记这项工作昭君也不是天天在做的，经常是各小组在负责批改评讲啊！

今天，当我看到语文科代表冉雪立同学喜笑颜开地奋斗于日记批改的一线时，我的眼前仿佛出现了一座足以替代自由女神像的昭君雕像。

但愿老天保证昭君的"悠闲"计划大功告成。

作文教学的核心观点是什么？

问：平日里我们最烦恼的还是作文教学。每个人的内心都在鄙弃模板化的作文套路，但是，似乎又没有办法解除这个魔咒。一些中小学校让学生学套路、背范文应考更是公开的"秘密"。我们想听一听您对作文教学模板化的看法。

我的思考：我有一个观点，你不爱写作，你就是在写作文；你爱写作，你就是在写作。所以，唤醒写作激情胜于灌输写作技巧，丰富学生体验胜于各种模式训练，充实学生的语文积累胜于背诵诸多满分作文。作文教学是一个庞大复杂的工程，我会再另写一本书阐述我的作文教学观。但对于模板作文法，我的立场是鲜明的：坚决反对！任何急功近利，败坏了学生的写作兴致，损害了作文教学底线，只有考试而无创作的所谓"作文教学"我都坚决反对。

谁能破除所谓"万能作文法"

——对作文教学伪规律的一种思考

我曾经参加过一次级别不低的市级教学研讨会,研讨的主题是"教学机智"。

一位重点中学的老师在发言中抛出一份"作文教学案例"。据他介绍,为了让学生在话题作文的考试中得到高分,他们学校高三的作文教学普遍采用一种方式,即提供几种作文模板,让学生背熟。同时要求学生背诵若干排比句、哲理小故事,在考试的时候按照话题和模板进行组合。这位老师说,这种方法极为有效,因为它迎合了应试作文教学的规律。虽然学生背诵的模板、排比句、名言和故事等是一样的,但高考的时候他们学校的学生被分散在全市几十万考生中,根本不会被人发现构思和语言的雷同。这种"万能作文法"使得他们学校的高考语文成绩年年攀升。由于效果好,以前是高三才这样搞,现在高一、高二也提前这样搞起来了。

那位年轻老师疑惑地问:这是不是一种教学的机智?

答案毫无疑问是否定的。但凡有一点"语文良心"的人都应该看得出,这完全就是作文的弄虚作假!它不是作文的"八股",根本就是作文的"十六股""三十二股"。这是在作文教学中要阴谋、使手段。这当然也可以说是"教学机智",但却是"教学机智"的堕落和变异。

更令我震惊的是，居然有老师"据理力争"，说存在的就是合理的，要我们去分析探讨其中的"合理成分"，让作文教学"科学化""规律化"。

本应该"老鼠过街——人人喊打"的"万能作文法"居然如此招摇过市。我已经出离愤怒，只能为他们的语文教学默哀了。

中考和高考当然是竞争激烈的，但这并不能直接导致作文的变异。如果我们整个社会的审美心理是健康的，如果我们语文教师群体的生存品位是高尚的，那么作文教学就有可能在相对健康的环境中发展。

"万能作文法"确实让我们看到了一些教师的审美畸变和语文教师的生存困境。某些教师的审美倾向是重外表而轻本质，重华美而轻质朴。"万能作文法"催生的作文当然是经不起推敲的，如果不仔细看，阅卷老师就很容易被这些作文华丽精巧的构思、气势磅礴的排比、发人深省的哲理迷住双眼，不经思考而打出高分。于是，让学生炮制"假大空"的华美文字就成了某些人的选择。虽然老师们在课堂上也告诉学生要说真话、诉真情，但临近考试的时候却不得不警告学生哪些话不能说，哪些情不能诉，还要反反复复地叮嘱学生要彰显自己的"文采"，凸显自己的"积累"。长此以往，学生便有了"包装意识"，懂得了如何投人所好，如何让自己的文字在古典的密林里穿行，从而显得精致典雅、仪态万方。在这样的背景下，老师们提供的作文模板成为学生追捧的对象自然是情理之中的事了。

有老师戏谑道，如果朱自清参加高考，《荷塘月色》是肯定可以得高分的，至于《背影》，那就很难说了。

的确，对于审美畸变的教师来说，在《背影》面前冷漠、无动于衷是很正常的事情。

在这场悲剧中，语文老师是受害者，同时也是悲剧的间接制造者。

我相信，大部分语文老师不可能真心为"万能作文法"炮制出来的"优秀作文"拍手叫好，但为什么还是会不由自主乃至兴致勃勃地去推广这些方法，并在批改这些华而不实的作文时情不自禁地给高分呢？我想，这其中可能有两个方面的原因。一是这种方法使用便捷。从长远来看，这样做虽然多少有点昧着良心，但方法简单，见效快，学生能拿到好分数，家长高兴，社会评价高，学校奖金高，自己何乐而不为？二是审美的渐趋麻木乃至缺失。谁都知道，写作是一种从心灵流淌出文字的美好过程，当虚假包装长期钳制着写作的心灵时，写作者慢慢就会成为虚假包装的奴隶。学生如此，教师也是如此。教师审美惰性的产生和正常审美的丧失折射出教师生存的困境。

所以，谁来破除"万能作文法"？不是话题作文，不是教师，不是中考高考，而只能诉诸大多数人的审美品位和审美标准。

如何坚持带着学生阅读？

问：我们都知道经典阅读是语文教学最重要的内容，但现实却往往是残酷的。繁重的考试任务几乎占据了学生全部的语文学习时间，一个学期处理一本教材和应对各种考试都来不及。请问，您是怎么带领学生读书的？

我的思考：某些地方的教育呈现三级缩水现象：教育目标缩水为教学目标，教学目标缩水为教材目标，教材目标缩水为考试目标。在这样的背景下，要坚守"语文良心"、带领学生坚持阅读是需要魄力，需要智慧，需要恒心的。我觉得，让学生读书，给学生读书的时间，这应该是一位语文老师要守住的底线。读什么书，如何读，也需要设计，需要规划，需要推进。教师应该带领学生读以下几种书：中华传统文化经典、世界名著、当代优秀时文、学生群体热爱的好书等。读书课应该成为语文课程的组成部分，并且应制定一个学期、一个学年乃至三年的读书规划。

以经典阅读为纲，建设高品位的阅读生活

——以《论语》阅读为例

新课改启动后，从理论上来说，经典阅读的重要性已经成为共识。但在教学第一线，情况并不乐观，一些教师的功利性和低俗化取向导致经典阅读在很大程度上变成虚假阅读。

经典阅读的功利性

如今，书店里的名著经典前所未有地增多，但这并非预示着国人经典阅读状态的成熟。相反，喧嚣的背后隐藏着更深的危机。教育部2022年颁发的《义务教育语文课程标准》就曾建议学生"多读书、读好书、读整本书"，并列出了课外阅读推荐书目。很多省市的中高考的《考试说明》也把经典阅读列入考试范围。这本来是好事，但在应试教育的压力下，这良好的初衷被无情地歪曲，乃至被利用了。阅读经典不如"题海战术"来得实惠，后者便成为急功近利的教师的必然选择。因此，学生的名著阅读出现许多怪现象。首先，没有时间看原著那就看缩写本，缩写本若是看不完就看"故事提要"，或是看老师整理出来的主要情节、主要人物、主要场景等所谓"精华内容"。更有甚者，只看原著改编的卡通动漫。经典阅读降格成为文化快餐，清汤寡水，色香味全无。其次，经典阅读只能打"游击战"。功利的

阅读令阅读内容"瘦身""缩水",这必然导向阅读的随意性。只有"敌"进我退,永无"敌"退我进。这个"敌",就是学生永远移不走的"题山",就是学生绝不可能游到尽头的"题海"。经典阅读在大部分学校其实只是"素质教育"的一块遮羞布,稍经洗涤和晾晒,就会脱色。

功利主义孕育的经典阅读,诞下的必然是阅读的"怪胎"。

"经典训练的价值不在实用,而在文化",朱自清先生一语道破了经典阅读的价值所在。经典所承载的文化内涵是中华民族的精神底子,早已融入民族的血液中,成为建构中华文明的基石。学习经典不应该成为应试任务,而应该成为民族的基本任务和首要任务。功利性的经典阅读无异于煮鹤焚琴、明珠弹雀。

经典阅读应该彰显一个民族对文化的渴望,这种渴望所带来的对经典的敬虔,必须体现在一个与现实利益无关的层面上。唯有如此,经典阅读才可能是正常化的。

经典阅读的低俗化

经典阅读的低俗化集中地体现为阅读选择的低幼化和庸俗化。受利益驱使或低下的阅读品味的影响,本就贫瘠的公共阅读空间被严重污染。经典被反复改编为各种电影或电视连续剧,虽不乏精品,但更多的是糟粕。社会对经典的解读并非立足于热爱、认同、传承民族情感和历史使命,而是以"颠覆""重构"为时尚。在这种情况下,学生的阅读很可能偏离主流社会的核心价值观,经典被无情践踏,实在是令人扼腕。

学生对流行读物的疯狂追捧远远超越了对传统经典的热情,一些快节奏的小说在校园内掀起了一轮又一轮的阅读狂潮……学生阅读选择的低幼化和庸俗化让经典阅读遭遇尴尬且可能长期面临尴尬。

肖家芸老师曾经说过，教师的职责是排除时弊的干扰，以守护优秀传统经典、传扬民族文化为己任，以仰望星空的恭敬严肃的态度，去引导学生步入经典的圣堂，去感悟那历史文化在民族生存发展中不可或缺的地位与价值，去感受那些惊天地泣鬼神的民族精魂。

鉴于以上的认识，我们班级追求的经典阅读的目标是以经典阅读为纲，建构高品位的阅读生活。

在教育目标"脱水"成教学目标、教学目标"脱水"成教材目标、教材目标"脱水"成考试目标的背景下，我们追求让师生都成为阅读情境的策划者和参与者，使经典阅读日常化和精品化。

下面以我所任教的重庆外国语学校某班集体阅读《论语》的探索实践为例进行说明。

第一，精心选择优秀的《论语》阅读文本。

校园阅读应该也必须对社会经典阅读的潮流给予回应，但这种回应绝不该是消极的回应，而应是积极的能动的回应。于丹解读《论语》获得了巨大成功，这一成功在某种意义上为民众开启了阅读《论语》的大门，并且掀起了阅读狂潮。虽然学界对此褒贬不一，但我认为于丹功不可没，因为她增添了普通百姓对于经典阅读的信心，也为中学经典阅读的深度开展创造了契机。借此东风，我们班级的《论语》阅读拉开了序幕。我号召全班同学利用寒假的时间自读于丹的《〈论语〉心得》一书，让这本浅显生动的读本培养学生阅读《论语》的兴趣。但这本书不能作为教材，因为它也只是一种品味较高的

"戏说"，和"原典"的距离还较远。

我们选择的是刘占泉老师正在编纂的《少年读〈论语〉（初稿）》。这是一个语文教学蓝本，供小学高年级至高中一年级的学生选择使用。此蓝本划分为上下两编，凡廿一节，每节主要包含两个部分，一是和《论语》及孔子事迹有关的故事概览，二是相关的章句阅读，分为诵读（含背诵）、熟读和浏览三项。这两个部分之间的关系乃是"合参"，即带着趣味系统地浏览故事，连带着诵读经典的文言章句，积淀文言语感，培养学习文化知识的兴趣。

选择这种读本的理由在于，它把《论语》的精华内容以最丰满的形象展示了出来，具有鲜明的层次性和灵动性。教师和学生都能够自由选取全部或者局部内容，将此蓝本改造成语文教材，应用于教学实践。它的趣味性和系统性使文言经典阅读的质量得到保证。

第二，全方位建设适宜经典阅读的班级环境。

经典阅读制度乃是我班语文学习核心制度之一。建立班级图书馆是我在建班初期完成的第一个"大工程"。经过各方面的努力，我们的班级图书馆已经有近八百本精品图书。班级实行"好书漫游活动"，书籍面向全班开放，只要不带出教室（寒暑假另有政策），孩子们就可以自由借阅。在我班，课外阅读是权利也是义务，而不是受到打压的"非法活动"。我还专门写了文章号召全班同学让经典阅读正常化，不要受考试的牵制和影响，动员孩子们和其他学科"抢"时间来阅读。

为了匹配阅读制度，我班建立了语文网络家园。网络好比一块肥沃的田土，不是水稻、高粱、鲜花、绿树去占领它，就是野草、蓬蒿去占领它。如果网络不能为语文老师所用，那么网络很可能会成为语文教学的绊脚石。我的学生是住读生，他们一周只有周末两天能上网。但权衡利弊，我们还是创建了自己的网站"易动网络写作平台"，并且在热点频道"心情日记"上建立了64个网络日记本。教师、学生、家长的日记与点评构成了语文教学和班级管理的立体网络，异彩纷呈。建班至今，我个人在班级网站上发表教育教学日记400多篇，点评学生日记3000多次。全班同学以读促写、以写促读、读写相融，无论是在现实世界还是在网上，我们班的阅读写作大环境都是健康向上的。

此外，在学校取消早自习的前提下，我们班仍然坚持每天十五分钟的语文积累工作，用这个时间诵读积累经典诗文。我们师生坚持写日记，坚持收看《百家讲坛》，每周三第一节晚自习固定为下周主持经典阅读的同学的试讲时间，每周一的第一节语文课固定为课外经典导读课，每两个月开展一次小组经典阅读知识抢答赛或辩论赛，每半学期开展一次经典阅读课本剧表演。更为重要的是，我们大胆地改革课堂教学，积极探索语文课堂教学的"常式"和"变式"，由学生主导的五分钟"微型课"成为课堂教学的常规模式之一，鼓励学生走上讲台宣讲《论语》等经典。

这样做的目的在于，为阅读经典营造出自由宽松的大环境。让学生身处狭小教室，心在广袤时空，不至于只将学习课本视作"正业"。唯有如此，经典阅读才有可能日常化。

第三，倾力打造班级精品文学社团。

教师在经典阅读中的导引作用是至关重要的。《论语》阅读的"开课"阶段由我主导，目的是为学生示范多样化的教学方式。根据初二年级的学生和班级特点量体裁衣，我们的《论语》学习定位和高中的选修课有所不同，更注重基础性，加强诵读，疏通文意，尽可能积累常见的实词、虚词，了解相关文化背景和论著的主要内容，从历史和文化的角度感悟《论语》的价值取向，汲取民族智慧，开拓学生的文化视野；在发展多向思维、批判性思维和提高探究能力上不作特殊要求。基于这样的定位，鉴赏、体验、拓展成为课堂的常规教学方式，教学的主要形式是朗读、讨论、背诵经典名句和故事。

只有还"权"于学生，课外经典阅读才有可能坚持下去。

我班的《论语》学习得以顺利推进的原因在于班级文化社团的强力支持。文化社团的社员们曾这样描绘他们的社团生活：我们在磁器口看糖艺、纺丝绸，我们在湖广会馆的潇潇暮雨下寻访重庆的历史，我们讨论着李太白的《乌夜啼》，我们争论着李清照的《减字木兰花》，我们欣赏了婉约雅致的越剧、昆曲，我们探索着大漠戈壁中遗失的神话……历史的芳香让我们迷醉，古典文化浸润着我们的骨骼。我们驾着小船驶出小河的源头，去追寻更加宽广却也更加惊险的大江。我们还要去学习古代礼仪，去聆听红楼梦曲，去感受眉山烟雨，去探寻帝宫王陵。我们要坚持学习《论语》，这是华夏文明的标志，我们要用行动去证明"人文奥运"。

文化社团的深度参与将我班"少年读《论语》"活动推向了高潮，迄今为止已经有10多个同学登上了班级"百家讲坛"。他们提前一个月备课，提前一周试讲，然后在每周的第一节语文课上正式登台。这已经成了我班语文学习的一道独特风景。

文化社团的社长冉雪立同学在《讲〈论语〉有心得》一文中这样回顾：整理资料时要删减，要旁征博引，于是我开始调动满脑子的积累，总算在《庄子》与苏东坡那儿得到一点启示。资料里对字词的注解不够详细，我便翻起了《论语通译》《论语详解》，对不同解释进行比较与筛选后才心怀忐忑地下笔写讲稿。这次讲子路，我抓住他莽撞的性格进行了延伸。曹雪芹著书有个笔法叫"草蛇灰线"，在我看来讲稿亦如此，要有线索，又不能太明显，朦胧中前呼后应才是最高境界。我告诉自己，成败无所谓，这个准备的过程就是对自己的一种提升。正所谓"六经注我"，《论语》渐渐成为我身体中流动的血液，成为我日日汲取的营养。

这样的文字还有很多很多。我手中握着孩子们自己钻研创作的20个精彩剧本，回顾着他们尽心竭力的表演，内心的感动是无法用文字表达的。我可以自豪地说，我们班能成为非常优秀的集体，经典阅读功不可没。今天，我们以经典阅读为纲，探索建设高品位的阅读生活的路子，明天，我们依旧以经典阅读为纲，努力建设高品位且多趣味的阅读生活。我有理由相信，功利教育的阴霾一定会散去，纯粹的经典阅读一定会在中学课堂上蔚然成风。

如何应对课堂中的意外事件？

问：王老师，我是一位年轻老师，我经常为课堂上的各种突发事件烦恼，不知道该如何应对。上公开课更是有此担心。在这方面，您能够给我一点建议吗？

我的思考：教学现场永远是一个事故多发地，好老师便是时时刻刻准备处理事故的人。这是考验，更是修炼。一个优秀的老师，面对顽劣学生和课堂紧急事件，要能如苏轼所说："天下有大勇者，卒然临之而不惊，无故加之而不怒，此其所挟持者甚大，而其志甚远也。"成熟的教师要能驾驭"脱轨"的列车，这是教师这一职业的大智大勇。这种智勇来自平时的反思和积淀。不要怕最初的慌乱，经验的积累将成就良好的心态和超凡的智慧。

一个人的一场战争

今天，我上了一堂惊心动魄的语文课。

上午，我在重庆七中给1300多名老师上课，刚开始一切正常。

但课一开始，我就发现课件不对了。上课之前还好好的电脑突然"罢工"，先是声音出不来，紧接着是影片无法投屏。可这是一堂必须借助课件才能完成的课，可以说，我还没有任何一堂课比这堂课更需要课件。

台下坐着那么多远道而来的听课老师，他们在我身上寄予了那么多的希望啊！汗水早已浸透了我的衣衫，我紧张得不知所措，用目光向舞台后排的领导们求救，但是，他们也只能茫然地看着我。

没有人可以救我！

这样宏大的场面，这么紧凑的上课流程，如果停下来捣鼓电脑，这堂课就全砸了，市里的活动也全砸了。我只能自救！我必须调动我所有的智慧救场。

我做出了一个于我而言最关键的决定，让孩子们一组一组依次走上讲台来看我无法投屏的电脑上的画面。尽管如此，我事先准备的感人至深的音乐还是无法播放，课件上的影片也无法展示，这是我精心设计的最动人心弦的一个环节啊！

没有人看到我的内心正在呼天抢地，深感自责。我必须调动我全部的生命激情，把内心的动荡和课堂的缺陷掩盖过去。这些年来我上了无数的公开课，但是没有任何一节课像今天这样令人忐忑。

表面看来我仍在正常地上课，但我的内心其实早已翻江倒海。由于课件出错，我必须改变整个授课思路，由于授课思路的改变，我课前的预设全部无效。我必须在一个陌生的战场上打一仗。这一仗的难处在于，观看者已经知道我中途遭到了伏击，但我还必须打得漂亮。

那35分钟里的每一秒，我都在攀登，攀登，攀登！

渐渐地，我发现自己找到了一种全新的感觉。在这不乏缺陷的课堂上，我内心深处的激情反而越来越强烈，越来越饱满，我的智慧穿过我汗湿的衣衫如花儿绽放。

我不再掩饰，我把课堂的缺陷袒露出来。我告诉孩子们、告诉所有的听课老师，我正在经历一次课堂的梦魇。我们没有音乐，没有图片，但是我们心灵之泉的流动赛过任何动听的配乐，我们真情的喷涌赛过任何精美的图片。

我已经记不清楚这堂课自己说了多少出人意料的诗，我像诗人一样，用这些诗唤醒了孩子们内心深处的渴望。

这堂课，听课的老师们给了我最热烈的掌声，我也给自己打了不低的分数。

出了这样的教学事故，原本我应该给自己零分的。但是，我要肯定自己的镇定，称赞自己的随机应变。这堂课，应该算是我教学生涯中的一块里程碑。这场一个人的战争，我没有全输！

如何开拓课堂之外的教学阵地？

问：我相信，语文的外延和生活的外延相等，所以我不想只在教室里教语文，不愿意只依照一本教材教语文。那么，除了课堂这个主阵地，我们还能开拓哪些阵地呢？

我的思考：能够这样想的老师就是了不起的老师，能够这样去做的老师就是有担当的老师。生命就是语文，天地都在我们心中。把学生带出校园的"四角的天空"，让学生既读有字之书，又读无字之书，这样的老师功德无量！但要注意，语文是这些活动的底色。校外第二课堂也好，网络第三课堂也好，都需要认真设计、合理规划、全程指导，留下思考的痕迹。我们要争取让生活成为语文的疆场，而不是过欠缺语文味的生活。

大雪里的吟诵

　　某一天的语文课，我讲《梵天寺木塔》，刚开讲，忽一扭头，窗外居然白雪纷纷。我一愣，孩子们也愣住了，教室寂然。我痴了片刻，自言自语："白雪纷纷何所似？"全班立马躁动，亢奋的声音冲破寂静："撒盐空中差可拟！"紧接着，另一轮声音就压了过来："未若柳絮因风起！"

　　我转过头，立定，一字一句地问："仔细看，白雪纷纷何所似？"孩子们又愣了片刻，然后齐呼："撒盐空中差可拟。"

　　确实，此时雪景，非撒盐不足以形容。

　　我又问："那谢道韫是不是乱说呢？请举手发言。"孩子们愣了片刻，随后便炸开了锅。

　　"雪必须更大！"

　　"要有风！"

　　"还要心情好！"

　　有人调皮地叫："还需要戴个绿色眼镜！"

　　我说："关键是心要是绿色的，环保的！"

　　全班狂笑。

　　我说："来！齐背《咏雪》。"

　　孩子们摇头晃脑地诵读《咏雪》，我从未听过如此有滋有味的诵读。读了几遍之后，一个怯怯的声音传了出来："老师，我们去玩雪吧……"

孩子们望着我，眼中都在放光。"这个嘛——"我想了想说，"如果你们是南方的孩子，当然要去了。可你们是北方的孩子，雪对你们还新鲜吗？"

"新鲜！新鲜！新鲜！"

教室里闹成一团。后排的孩子站起来想冲到讲台上说服我；几个孩子趴在窗户上，对外面的雪景向往不已。窗外的雪越下越大，纷纷扬扬，略微有点儿"柳絮因风起"的味道了。操场上一片洁白，一个脚印都没有。

新雪！初雪！我突然热血上涌："好，玩雪去！悄悄出去，不要影响其他班级。"

全班欢呼，随后在我的示意下安静下来，像特务一样潜到了操场上。我最后一个离开，匆匆跑到办公室把羽绒服穿上，又把围巾裹上，便也欢天喜地地跑到了操场。

到操场一看，这是什么"匝地惜琼瑶"！一地的新雪全被我们折腾醒了。

我变成了一个小孩子，比孩子们还小。我们玩着最幼稚的雪中游戏，抓一把雪胡乱扔向对方，一屁股坐在雪地上，跳向空中用手、用头、用嘴去接一片又一片雪花……想玩什么就玩什么。

孩子们开心得嗷嗷叫。突然，一个孩子说："老师，我们诵读吧！"

"好！好！好！"

于是我们开始诵读。一拨又一拨孩子来到我身边，我像一个乐团的指挥，号令着我的乐队。我们诵读毛泽东的《沁园春·雪》，我们诵读《白雪歌送武判官归京》，我们诵读能够记起的所有关于雪的诗。

人越来越多，幕天雪地，童声清脆。

这个班的孩子平时胆子小，总是比较拘谨。但今天，我和孩子们都激情澎湃，如痴如狂。待学过的所有关于雪的诗都背诵完，孩子们又都愣住了。

"傻！咱们不是未来班吗，拿出你们的平板电脑上网啊，查啊！"孩子们大悟，笑着嗔怪对方太笨，纷纷拿出电脑上网。我们学校是可以无线上网的。

诵读！直读得身体发热，雪花融化；直读得口干舌燥，声音嘶哑；直读得天地动容，星辰肃穆。

诵读！每一片雪花都在笑，都在嚷，都在舞蹈。是我们变成了雪花，还是雪花变成了我们，竟也全然不知了。

第三部分

关于观课评课

如何看待同一个文本的教学设计不同？

问：面对同一个文本，老师们的教学设计迥然不同，您如何看待这个问题？

我的思考：从来没有抽象的语文，从来没有抽象的学生和教师，从来没有抽象的教学设计。所以教什么，怎么教，要由学情和教情决定。教学设计要为"这一个"服务，评课者也一定不要拿相同的标尺去衡量截然不同的"这一个"。教学设计要体现个性化，就不能是标准件。科学的评课是评出"这一个教师"对"这一篇课文"的"这一次设计"的独到之处，而不是只追求整齐划一、面面俱到。

教学设计要为"这一个"服务

没有抽象的语文，没有抽象的教师和学生，没有抽象的教学设计，教什么、怎么教要由学情和教情决定……在阅读甄老师和梁老师对《爱莲说》的教学设计与解读时，我的脑海中不断地冒出这些想法。

这两位老师的"同课异构"让我看到了某种必然性：具体的教师，面对具体的学生时，其文本解读和课堂设计是截然不同的。

这种"不同"极其珍贵。《中学语文教学参考》设计这样的栏目，就是要在这种"不同"中探寻教学的规律，摸索教师专业成长的路径。这份创意本身就是一种科学精神、一份专业情怀。

甄老师和梁老师的"不同"给了我们许多启示。

我们先看文本解读。甄老师抓住三个要点——描写、象征、衬托，言简意赅地阐述了文本的要义。梁老师则从形象美、品格美、结构美、语言美四个方面着力，详尽地阐述了自己对文本的认识。甄老师的解读简约，语言朴素从容；梁老师的解读丰厚，语言精致明丽。我认为，"眉清目秀"是一种美，三言两语便切中要点；洋洋洒洒也是一种美，排比铺陈尽展风采。每个老师都可以用自己最擅长的方式进行表达，无须妄自菲薄。

我们再看教学目标。甄老师很"低调"，他是在俯下身子要求学生：1.能翻译并背诵短文；2.能解释重点实词、虚词；3.能鉴赏文本、理解思想感情。这些目标很有"家常味",亲切而温暖。梁老师则是在带领学生"仰望星空"。除了背诵短文,她还要求学生通过品味莲的形象,领悟其精神内涵,学习莲的高洁品质,并了解菊和牡丹在文中的衬托作用,学会运用托物言志的写法。和甄老师相比,她显然对学生有更高的期待。她把"托物言志"和"衬托"写进了自己的备课纲领之中,也高度重视文学作品肩负的人文使命,把思想品德教育放在很重要的位置。这些目标都很能激励学生,充满教育的理想主义的激情。

两位老师的教学重难点的安排也让人深思。甄老师的教学重点是理解字词和理解主旨,他在课堂上要攻克的难点则是"正确地翻译、背诵、默写"。而梁老师的教学重点是学习托物言志的写法和了解衬托手法的应用,她在课堂上攻克的难点则是"运用托物言志的手法进行写作"。细细揣摩起来,这两个设计的跨度是非常大的。甄老师显然是希望学生努力读懂文本;梁老师却不满足于此,她不仅要让学生读懂,还要让学生会用。这两位老师的教学事实上是在不同的层面上展开的,甄老师的课堂是简洁的,而梁老师的课堂则是丰富的。

我们再来看他们的具体操作。甄老师的教学内容比较集中,但他的教学手法依然细腻。他"小步轻迈",使课堂呈现出一级级阶梯。他善于帮助学生。在初读感知阶段,他设计了"提示读音""划分节奏""厘清层次"三小步;在指导阅读阶段,他设计了"基础化朗读""情感化朗读""个性化朗读"三步。而在"基础化朗读"阶段,他教案中的"先让4～6名学困生朗读,待错误被纠正后,再让所有学生自由朗读1～2遍",更是令我感动不已。在引导学生深度理解文本第二部分的时候,他的朗读设计非常精彩。他要学生先默读课文,再讨论应该用怎样的语气来朗读第一个长句，并思考第二至四句传达了怎样的感情。接着他启示学生哪些句子要读出判断的语气，哪些句子要读出惋惜的情绪，哪些句子要读出反问和慨叹，哪些句子要读出鄙夷的情感。在此基础上，他又创造性地让学生进行各种形式的情感化的朗读。

总之，我的感受是，甄老师在用学习文言文的方法教文言文，他贯穿全程的教学手段就是朗读。他带领学生读得非常充分，非常扎实，非常聪慧。凭借这样的读法，学生当场背诵全文应该是没有什么问题的。

梁老师呢，由于教学目标比较多，她的课堂流程是大开大合式的。她以板块式设计推进自己的教学内容：导入基本知识，检查预习、疏通文意，师生对话、探究主旨，借鉴仿写、有效迁移。她的设计亮点在于引入了课外的"活水"，或是讲述周敦颐的生平故事，或是比较不同的人生选择、知人论世，或是抛砖引玉、躬亲示范。她追求宽广和厚重。我想，上过她的课的学生，对文本会有更深刻的理解，对周敦颐的印象也会更深刻。

我想，这两个教学设计或许代表着文言文教学的两种取向。甄老师更偏重"言"，讲究吟诵背诵、落实基础，把培养文言文语感、积累文言文语料作为首要任务。而梁老师则比较偏重"文"，她高度关注情感、态度、价值观，非常看重迁移能力的培养。

除了文言文教学的价值取向的差异外，两位老师的课堂定位如此不同的原因还有哪些？我斗胆猜测，也许甄老师的学生的能力多处于中等水平，甄老师这个设计是为他们量身定做的。这样去教，这样去学，脚踏实地，才能让中等层次的学生有所收获。而梁老师的学生可能基础好一些，能力强一些，老师在课堂上增加内容、加大难度，会让他们"吃"得更饱，"长"得更好。

或许也与两位老师的个性特质有关。甄老师的教学风格稳健，课堂追求扎实，讲究学生充分活动、教师切实指导。梁老师的教学风格浪漫，课堂追求鲜活，讲究文化积淀、情怀熏陶。

学生不同，教学风格迥异，故有此不同效果。

所以，我们观课必须得回到原点，研究"这一个"教师和"这一个"班级的学生，否则就无法理解"这一个"教学设计，也无法帮助老师完善自己的想法。因为"这一个"永远是具体的，所以不会有抽象的教学设计。

此外，我想提一点儿建议：在两位老师的自我解读中，我几乎没有看到属于他们自己的独特见解。不得不说，这是一个遗憾。既然是自我解读，就不能新瓶装旧酒。若能更进一步地研究教材，解读出"我"之新意，哪怕是一点点，也善莫大焉。

如何面对评课中的批评？

问：如今，观课评课活动中存在两种现象，一是大家都做"好好先生"，互相恭维，提出的意见也是不痛不痒的；二是各执一词、互不接纳。您认为，正确的评课态度应该是怎么样的？您如何面对评课中的批评？

我的思考：我提倡怀着真诚的研讨态度，仔细地听课，开放地评课，友好地争论。既然要争论，那就要畅所欲言，襟怀坦荡，要允许异见的存在。"争论"不是争一时之气，而是让真理越争越明，不"争"不成"论"。

珍贵的批评

有朋友问我如何面对评课中的负面评价，这问题问得好。对待批评的态度，恰好展现了我们的成熟程度。

五月份的时候，李华平教授发来短信：你若方便，看一下《语文建设》第16期的一篇文章《好课堂是共享而不是给予——以一节74分钟的名师展示课为例》，是批评一位特级教师执教的《老王》的。我刚刚看到，深思后付之一笑，立马就来告诉你。你看后亦可淡然一笑。

我明白，那篇文章一定是批评我的。华平兄怕我受打击，先给我做好心理建设。我让他放心。后来杂志到了，我认真读了读，果真是批评我的，还批评得挺狠，说我的《老王》一课除了"教师激情满怀，课堂气氛活跃"之外，余下的似乎都是问题了。那段时间，《语文建设》杂志社正在举办"真语文"的讨论活动，这篇文章发表在该栏目中，大概想说我的《老王》一课是"假语文"的代表吧。

我想了想，这位老师写这么长的文章来评我的一堂课，实属难得。从这个意义上来说，其意见是不是完全正确，已不是最重要的了。

《老王》是一堂大型的公开课，现场有两千多名老师听课。这篇课文分为两个课时来展开教学，感动了老师们，也感动了学生。当时《老王》和《纪念白求恩》两篇课文连着上，上到最后老师们不

216

愿意离场，学生更不舍得离开。喜欢这两堂课的老师非常多，王荣生老师和余映潮老师也亲临现场听课，评价甚高。余老师说："这是一堂难得的真正的语文课，好课！"应该说，这两堂课的教学是我近两年来公开课的一个高潮了。我是一个每堂课都必反思的人，对自己的课，我有我自己的评价。

在课堂设计上，我遵循自己的原则，他人理解与否、赞同与否，都不影响我的教学。我觉得这位老师不太理解我的设计理念，可能是因为教学理念本就相悖，也可能是因为我自己表达得还不够充分。我的课堂构成和教学手法都没能激起这位老师的兴趣。这堂课一直在"共享"，但是她看不见。或许她受流行论调的影响，认为只有那种高效课堂模式才算"共享"，才算"学为主体"。至于其他方面的问题，如课堂评价比较单调、时间安排不合理等，我在这方面的功底本来就弱，问题多得很，别人提出批评意见，我应该虚心接受。况且作为特级教师，别人对你的期待高一点儿，要求严格一点儿，也是可以理解的，是应该感恩的。自己继续修炼即可，不必执着于一人之褒贬。"有则改之，无则加勉"，这是老祖宗的教导，时时都要记住。

我很感谢这位老师，她不仅认真地听课，还会梳理自己的想法、形成文字。这是一件要耗费许多时间的事，不爱语文之人，不善思考之人，是做不到的。所以我很敬佩这位老师，如果有可能，我很愿意和这位老师成为朋友。

在评课上，我主张大家都说真话，不要全是表扬，互相吹捧；也不要偏激尖刻，用语言伤人。上课者和听课者都应该襟怀坦荡，以研究问题为出发点，而不是使气斗气、相互伤害。偶尔态度激烈也是可以的，总比和稀泥有价值。

年轻的时候，我多次和李镇西老师一起上课。他对我们高度讲究教学设计的上课方法很有意见，也在很多大型活动中多次当面批评。这么多年过去了，对于他的看法，事实上我到现在也不认同，但这并不影响我们一直是好朋友。

我不赞同用全然的沉默或者一句"欢迎批评"来应付批评。我觉得这不是风度，而是搪塞。学术研究如果缺乏针锋相对，还怎么"研究"，怎么做"学术"？

所以，面对吴春来老师对《纪念白求恩》一课的质疑时，我认真地写出了上万字的回应文章。

所以，在"两岸三地语文教学圆桌论坛"上，面对一位小学老师对《从百草园到三味书屋》一课的质疑时，我也认真地阐述了我的想法。

所以，面对发表在《语文教学通讯》上的《有多少语文》一文的质疑，我写出了《有多少完整独立的个体，就有多少语文》的回应文章。

…………

我觉得，回应本身就是尊重，就是研究问题的态度。有些时候，我们不回应只是因为时机不到，或者不是最佳的时机。总之，我想对有此疑虑的年轻老师说，面对别人的批评，基本原则乃是：

第一，感恩批评。能够花时间来批评你的人比漠视你的人值得珍惜。

第二，认真思考这些批评，不要抵触批评，更不要被批评吓倒了。要形成自己的判断，有则改之，无则加勉。若气氛好，最好当场研讨。

第三，不要祈愿人人都喜欢你，批评本来就是人生的一部分。

第四，退一万步说，我们的胸怀都是被委屈撑大的。如果有些批评确实不合理，就由它去吧，不必郁结于心。时间长了，有些问题会渐渐明了，我们对任何事情都要有耐心。

在"同课异构"活动中该如何评课？

问："同课异构"是现在教研活动的常态，对这样的课，我们该如何观课、评课？

我的思考：我认为，"同"和"异"都要看。首先看"同"：自然文本成为教学文本之后，哪些内容是大家都在教的，并由此思考哪些内容是应该保留的。这对明确语文教学内容的研究有重要意义。其次看"异"：要看不同的教学内容的取向，看不同的教学程序的安排，看不同的教学手段的应用。从"不同"中看出特点，甄别高下，摸索规律，确定研讨的热点，寻找自我提升的门道。

在"同课异构"活动中思考课堂教学内容的选择

这次研讨加上我一共四位老师，共同教经典篇目《从百草园到三味书屋》。海淀区的教研课正好也是这篇课文，由我们学校本部的一位周姓教师来上。本次一共五节课，我试着做一个简单的梳理分析。

我以听课前后顺序为序简要记录：

教师	课时安排	所教课时	主要教学内容	主要教学方法	突出亮点	有待商榷之处	学生状态
王老师	2课时	第一课时	1. 导入。2. "百草园生活"这部分文字的朗读。3. 对部分语言点的理解。4. 小结。	1. 个人朗读、集体朗读，教师点拨。2. 教师归纳百草园的三种趣味。	教师的功底深，表达、书写都非常棒。	串讲，重点不够突出；归纳不准确。	不太活跃
吕老师	2课时	第一课时	1. 粗读课文，概括内容，主要是给各个事件起小标题。2. 再读课文，把握细节。3. 精读课文，赏析细节。主要是把对泥墙根一带的描写和对三味书屋的描写进行朗读对比，归纳不同的写作方法。4. 全文主旨总结，归纳为：童趣最可贵，且行且珍惜。	1. 学生板书小标题，教师点拨。2. 学生朗读。3. 教师引导学生得出各种写景写作技巧，等等。	概括小标题时，老师的点拨很好；课堂板块鲜明。	教师的引导不够聚焦、缺乏力量，学生发言质量较低；归纳提炼环节只能放在第二节课。	比较活跃

教师	课时安排	所教课时	主要教学内容	主要教学方法	突出亮点	有待商榷之处	学生状态
王君老师	1课时	仅一课时	1.导入：略说事件，略说初读感受。2.三个语言片段的情趣朗读：读出诗情画意；读出跌宕情节；读出鲜活形象。3.在聚焦读的基础上泛读全篇其他焦点文字，深化学生思维，总结百草园生活的"趣中有憾"和三味书屋生活的"叹中有笑"，归结全篇。	1.情趣朗读的方法。2.灵活用句的方法。	课堂结构清晰；教与学非常灵动；学生有明显进步；文本解读较为深入；课堂容量大。	课堂容量偏大，"丢"的内容太多。	非常活跃
周老师	2课时	第二课时	1.导入：看各种图片，回顾复习百草园生活。2.讨论悬念：三味书屋是一个"严厉的书塾"吗？方法主要是看图片，读第10自然段，了解三味书屋的环境。3.概括三味书屋的各个事件，形成小标题，这是本堂课的核心内容。4.结合开头结尾，引进《〈朝花夕拾〉小引》、《自嘲》《野草》等部分资料，帮助学生理解"既是童年之趣，又是苦中之趣"。	1.老师带着学生归纳。2.少量阅读。3.资料展示法。	拓展部分看得出教师钻研教材深入；教师拟的小标题很精彩。	没有在任何一个地方深入探究语言表达；拓展部分太深，有画蛇添足之感。	不太活跃

续表

教师	课时安排	所教课时	主要教学内容	主要教学方法	突出亮点	有待商榷之处	学生状态
罗老师	1课时	仅一课时	1. 导入：学生说唱根据罗大佑《童年》改编的《从百草园到三味书屋》，分小组发表在网络平台上。2. 和王君老师的核心内容基本相同，只是把"读出跌宕情节"中"我"的表现换成了让学生现场创作，最后归纳定位在"赤子之心，乐活精神"上。3. 配乐，让学生再次说唱自己的作品。	1. 诵读法。2. 利用网络平台现场创作。	信息平台的应用恰当；教学灵动；学生表现出很强的创造力。	学生起点太高，看不到学生的发展提升；朗读的几个片段之间需要内在的整合。	非常活跃

这些不同的课，引发了我们对教学内容的思考。

五堂课鲜明地呈现出教学内容上的两种取向：倾向于"语言学用"和倾向于鉴赏感受。按照王荣生教授的提法，这种选择就在于你是把文本当作"定篇"来处理，还是当作"例文"来处理。按照我自己的简单分类，这种选择就在于教师是把文本当作"主题型文本"来处理，还是当作"写作型文本"或"语用型文本"来处理。对于这个问题，许多老师虽然还没有清醒的意识，但在其教学中是可以窥见端倪的。

吕老师和周老师的课堂主要关注"语言学用"。吕老师最突出，概括标题和分析景物描写的方法是他的核心教学内容，占了五分之四的时间。他的课件呈现的主要也是描写技巧，他显然是倾向于讲知识和技巧的。周老师也是，他多半时间都是在带领着学生拟小标题。

他讲"三味书屋",基本上算是止于五个小标题的概括。周老师原本想通过拟小标题的方式来引导学生进入情节,弄明白"三味书屋到底严不严厉"的问题,但事实上很难达到"一石二鸟"的效果。这个训练难度很大,哪怕是人大附中本部的孩子,也很难应对。所以,尽管周老师已经尽力引导,但学生学得也相当吃力,最后周老师只能把自己拟好的标题展示出来作结。他没有时间深入文本了,学生思维没有得到充分的发展,我们最终也没有看到学生自己的创造。最为可惜的是,"三味书屋"中精彩绝伦的细节描写、人物描写、复杂丰富的情怀等,全部都被忽略了。

王老师、罗老师和我则显然是鉴赏者本位。我们直接跳过了"拟小标题"这一环节,只让学生简单表述事件,教学的主体内容是通过各式各样的朗读让学生体会鲁迅文字的魅力,体会散文的情境。同时,我们也呈现了各个事件的小标题,但只作为教师的归纳直接呈现,督促学生做笔记,并没有把归纳的方法当作教学内容。

这两种教学取向中的哪一种更适用于《从百草园到三味书屋》呢?想必许多年轻老师对这个问题都很感兴趣。他们会问,是不是只要出现了事件就必须拟小标题?"从高到低""动静结合""大小结合""调动各种感官""以春夏秋冬四季为序"这些知识在《从百草园到三味书屋》的教学中是不是必讲?

这些问题很重要,因为它们涉及一堂课的逻辑起点,教师的认识不同,教学内容的选择也截然不同。

我们可以借助王荣生教授的研究成果来鉴别。王教授认为,目前的语文教学实践中至少混杂着四种取向的"阅读":一是概括段落大意和中心思想、寻求"思考与练习""正确答案"的"作业者"取向;二是以分析课文形式为主，归纳生词、语法、修辞、章法的语文教师"职业性阅读"取向；三是以"诵读"为主要样式的"鉴赏者"取向；四是"感受性阅读"取向，在教学中表现为对"讨论法"的倚重。

这一总结非常精辟。确实，不少侧重"鉴赏者"取向的语文教师正在经历着同"作业者"取向、"感受性阅读"取向、"职业性阅读"取向激烈争斗的煎熬。它一语道破了当前许多语文教师的迷惑和尴尬境地。

就这个研究成果来看，对于经典文学作品，我们三位老师的价值取向显然是"鉴赏者"取向，而吕老师和周老师则偏向于"职业性阅读"取向。

到底哪种取向更合理呢？我们再从另一个角度来谈谈教学内容的选择问题，也就是"语体"角度。"语体"指的是语言应用的风格，包括口头语体和书面语体。按照章熊老师的研究成果，书面语体大体可以分为科学语体、公文语体和文艺语体，其中科学语体和公文语体有共同性，都追求语言的精确、实用和简明。散文以形象生动、富有感染力为显著特征，显然属于文艺语体。

读者阅读属于科学语体或公文语体的文章，目的是学以致用，也就是学习真实、客观地反映事物的方法。而散文是艺术，描绘作者的情感世界和思索过程，重在冶情，阅读散文应该以"悟意审美"为目的。因此，针对属于科学语体或公文语体的文本，教学重点应是筛选、分析并归纳信息；而针对属于文艺语体的文本，教学重点则应是品味与感悟其语言表达。

《从百草园到三味书屋》是经典散文，自然属于文艺语体。

因为我认为，把《从百草园到三味书屋》的大部分课堂时间用于提炼小标题、学习景物描写的方法等，其训练点落在筛选信息、归纳信息和掌握某种技巧上，不说南辕北辙，起码也是冲淡了散文学习的情味，破坏了散文学习的氛围，实在是有些可惜的。

也正是这个原因，吕老师想归纳总结出文章的主旨"童趣最可贵，且行且珍惜"，就显得有些牵强吃力了。因为他已经没有时间带领学生去真正充分地体会"童趣"了。而周老师最后也想让学生明白文章中的"沉重与叹息"来自何处，但由于前面的铺垫不够或者说根本没有，他就只能拿出几段话胡乱地塞给学生。那几段话的表达很生涩，我们做老师的读起来都很难，我相信学生大概也是云里雾里的。这个结课设计源于周老师的良苦用心，可惜定位太高，用力太猛，巧思妙想反而成了画蛇添足。

当然也有高明的教师，能够在拟小标题和学习描写方法的过程中巧妙渗透语言的品味和感悟，这需要高超的教艺，在短短的四十分钟内，要做到位是很难的。

除了教学内容，教学方式的选择也引发了我们的思考。

教学方式的选择由什么决定？首先是教学内容，其次是学生经验。

首先，如果用说明文的教学方式去教意蕴丰富、形象丰富、情感充沛的散文，强行让学生将文本对号入座：哪里是从高到低，哪里是从春天到冬天，哪里是动静结合，哪里是比喻、拟人、排比……就会将文章拆解得支离破碎，对文本而言是非常残忍的。在我看来，这种操作也是相当无聊的。如果教师真的觉得这些操作非常重要，干脆就把课文当成写作型文本来处理，老老实实地教写作，而不是眉毛胡子一把抓，什么都想在一堂课上搞定。

其次，既然要讲童心、童趣，那就要尊重学生经验，也就是用儿童经验、用儿童喜欢的方式来教。什么是儿童喜欢的方式呢？是再现情境、激发想象力，还是为故事内容补白？这其中有无穷无尽的创造空间。我之所以设计了三处创造性的朗读，就来自这样的思考。听完我的课，罗老师进一步地创新了教学方式，其结果在我看来是非常成功的。特别是学生改编说唱的环节，非常出彩。经历这样一番改编，孩子们对文本的理解更加透彻，其收获比"拟小标题"不知要厚重多少倍。

当然，这种教学方式需要学生做很多前期准备，上课的"成本"非常高。还有一个问题就是，如果学生以前展示的作品已经达到了相当高的水准，就会给教师带来更大的教学难度。如果学生在听课以后没有得到预期内的提升，这课好像就白上了，有点儿可惜。

至于王老师，他也注重学生的朗读，但课堂始终凝滞沉闷，学生参与度不高，原因在哪里呢？第一是有朗读而无设计，只是纯粹地读，简单地点拨，学生没有读出趣味来，兴致自然不高。所以，读固然重要，但若缺乏读法设计，效果也会打折扣。第二是没有聚焦，文本很长，如果处处都读，最后就成了"串读"。教师辛辛苦苦地"串讲"不仅吃力不讨好，还会令学生倦怠。对长文章而言，教学的艺术就是选点的艺术。不聚焦，就如同处处砸坑，哪个都深不了。

当然，这些课还让我们想到了其他的许多问题，比如深文如何浅教，长文如何短教，主题理解怎样适可而止，如何针对学生确定教学的逻辑起点，怎么通过学生的反馈检测教学效果，课堂教学的成本投入和实效问题，等等。

观课到底要看什么？

问：王老师，我们看一堂课、评一堂课，除了看语文教学的各种要素，还要看什么？

我的思考：一堂课有三个"支架"，即学生、教学内容与方法、教师。我们平时看课，一要看学生，学生学得怎么样、学生的精神状态如何决定着一堂课的成败。二要看教学内容与方法，研究这些内容与方法适不适合该班学生，以及它对于语文课程的意义。三要看教师，看教师的调动点拨等课堂智慧。我觉得，如果我们再往前走一步，还可以从整体上看"课品"，也就是课堂品质。即便是完全相同的教学内容、完全相同的学生，由不同个性气质的老师来演绎，都会展现出完全不同的课堂品质。这个研究是很有意思的，对于教师认识自我、实现其专业的个性化发展很有帮助。"课品"即人品，品课即品人。

你的教法就是你的活法——听窦桂梅上课

我非常喜欢窦桂梅老师。

我一直关注小语界，小语界的名师似乎比中语界多。大概是应试压力较小的缘故，小学老师更能施展手脚，更能健康成长。窦桂梅是如此，王崧舟是如此，于永正等老一辈名师就更不用说了。总体来看，比起中学语文名师，小学语文名师的成果更丰富，个性更鲜明。所以，我持续关注他们，阅读他们的著作，向他们学习。

北京市一零一中学曾经举办过特级教师联谊，由中语界和小语界的两位大腕级人物——程翔老师和窦桂梅老师进行同课异构。他们上的是小学语文课文《魅力》，以此探讨中小学的衔接问题。两堂课都非常精彩，让人叹为观止。

我太熟悉程翔老师了，一起上课的机会也很多，以后再撰文专门分析他的特色，今天先说说窦桂梅老师的课。

我听过窦老师的大部分课，读过她的课堂实录，对她的期待是很高的。我毫不怀疑她的课堂表现，我的期待在于她能精彩到什么程度，或者说她有什么改变。

她当然没有让我们失望。听完她的课，接连好几天，我们满心满脑都是这堂课，窦老师的魅力就在此。我说一堂好课就是一座丰碑，如果你不太明白，听听窦老师的课就会恍然大悟。

我很想找一个好的话题来评课，但又觉得挺难的。好老师上课，她教的已经不是课文了，她教的是人生，是生命，是智慧，是情怀。若是用一般的评课标准去评，你很难评出妙处。

我想到一句话，可以用来表达我的感受，那就是：你怎么活，你就怎么教。或者说，活法就是你的教法。活法、爱法、写法、教法，其实都是一种法。

课的精神就是人的精神，课的思想就是人的思想。课堂就是一面镜子，完整地映照出你对自我、对孩子、对这个世界的态度。你没有办法撒谎，甚至没有办法掩饰。课堂就是一个无处逃逸的舞台，你一张口、一举手、一投足，就完全暴露，彻底现形。甚至可以这么说，课堂还是一面"照妖镜"，让你这些年的"修行"纤毫毕现。

所以我说，对语文教师而言，得课堂者得天下。

我认为窦老师的课，是仙的境界，也接近佛的境界。

佛的境界乃是超越生死，普度众生。观窦老师的课，你时时处处都能感受到她对学生的爱。那是期待，是鼓励，是帮助，是点拨，是点化。总之，她给予学生的一切，都是春风化雨。

以其中的一个细节为例。在初读《魅力》时，她让学生谈自我感受，一个孩子说主人公卡佳是"可笑"的。窦老师笑而不评，只是请孩子把这个词语写在黑板上。当时我捏了一把汗，我知道这样做很冒险 —— 写下来就意味着之后必须要回应。一般老师上着上着就会忘记回应，而能够抓住一个极佳的机会不露痕迹地加以纠正或让孩子自我纠正，几乎算是教学智慧中的最高层次的机智了。

但我的担忧显然是多余的。接下来窦老师带领着学生不断地深入文本，曲径通幽，柳暗花明，随着卡佳的形象越来越清晰，时机终于到了。

果真是水到渠成的、不露痕迹的，窦老师又站在了那个女孩子面前，问她："你还觉得卡佳是可笑的吗？"小女孩儿当然懂了！这个环节由窦老师请女孩自己把黑板上的"可笑"改为"可爱"而圆满结束。这个细节几乎横跨两堂课，近九十分钟。这似乎只是不经意的一笔，在我看来却是整堂课的"神来之笔"。

窦老师之聪慧、冷静、沉着、慈悲、机敏，由此可见一斑。

由于授课对象不同，小学老师比中学老师更讲究课堂的铺路搭桥。这事实上是一种课堂关怀，即用最适宜的方式帮助每一个学生慢慢抵达终点。小学老师的点拨方式比中学老师丰富得多，他们的教学技艺炉火纯青。从教学法的角度来看，这些方式都堪称经典，都值得中学老师学习。我们说要"朴素"地上课，但这不是课堂呆板的借口；我们说要回归语言本位，但这也不是一味地咬文嚼字的托词。带领学生斟酌字句更需要智慧，需要技巧，需要技术，甚至是需要艺术。

窦桂梅老师和王崧舟老师把这种艺术发挥到了极致。其实窦老师的课堂设计是很朴素的。整堂课分为两个部分，第一部分是预习课文内容并交流。她组织学生概括小说内容，初谈感受，质疑问难。第二部分是深入文本，共同探讨一些难点问题。这种设计初看并不奇绝，似乎无甚高论，但是课的美妙都在于细节，在于老师高超的点拨技艺和纯熟的对话技巧。这些技巧反复出现在窦老师的课堂当中，是完全可听、可感、可学的。

在这些技巧中，最突出的乃是她帮助学生补白文本的功力。教文学，最重要的是教出文字背后的东西，教出学生自己很难读出来的东西。

一些语言点在窦老师的重锤敲打下变得金光闪闪。她像个冶炼大师，一炉又一炉的火，一锤又一锤的耐心，锤锤下去，将石块变成金子。比如她总是适时地鼓励学生联系生活来解读文本。当教到卡佳进剧院前紧张兴奋时，窦老师便问孩子们有没有这样的经历。孩子们讲述自己入学前的紧张和乘坐飞机时的恐惧，引发了一串串笑声。教学难点不攻自破。

窦老师自己的朗读水平很高，她自始至终传递着对朗读的热情。整堂课的基底就是朗读，文本解读的过程几乎都是以朗诵的形式完成的，因而洋溢着浓浓的语文味。是的，朗读就是这么神奇，它不仅展现了课堂上已经生成的东西，还展现了老师并未教授却已经呼之欲出的东西。朗读让课堂走向了无限。

窦老师的点拨收放自如。她能以一个词语、一个句子为跳板，把《魅力》引向小说的背景内容《汤姆叔叔的小屋》，引向同主题的冯骥才的《花脸》。这种"跳出"自然无痕，可以说是羚羊挂角，无迹可寻。由于这样的"跳出"，课文的空白点，如卡佳为什么"噙着眼泪"，为什么"两眼的火光熄灭了"，全部变得充实丰满起来。那不是理性的分析，没有丝毫的说教，就在自然的引进式诵读中，人物的思想和情怀展露无遗。学生就这样学懂了，在他们自己可能都还没意识到的时候就学懂了。

我认为，这样的"学懂"才是"语文式"的"学懂"。而中学语文课堂上充斥着太多"数理化式"的"学懂"：恶意肢解文本，硬贴标签，强套模式。那样的"学懂"不是文学本位的，不是语文本位的，而是应试本位的。

窦老师极善制造思维风暴。她利用问题不断地将学生导向两难境地：是谁让卡佳醒过来了？这样长大的成人们有错吗？如果你来续写，你如何写？此刻你正在想什么？每个问题都没有标准答案，但正是这些问题，不断地将孩子们的思维引向遥远的地方。她的课堂像一块大海绵，不断地吸收各种思维的精华、情感的精华，逐渐变得沉甸甸、湿润润的，从海绵变成了大海，浸润着人的心灵。

窦老师《魅力》一课的魅力真是难以道尽。总而言之，那是预设与生成、技术与艺术的完美结合。这课是经过设计的，在每一个细节中，我都能看到教师的匠心。这课又是开放和率性的，它旁逸斜出，却又九九归一。它精致又大气，严谨又圆融，教学效率非常高。我认为这是最佳的课堂状态，是激情和理性的完美统一。

我说过自己很期待窦老师的变化，而她确实也在变化着。总的来看，她更沉着、更冷静、更能控制自己的激情了。她的课堂渐渐走向朴素和深沉，舞台表演式的激情慢慢地化为一种劲道，静水深流，大美无言。

我读过窦老师的不少书，知道她是如何从学校的打杂工人走到如今这个高度的。她的活法就是她的教法。老师们称颂她如同华丽绽放的玫瑰，可是又有谁知道，在这个绽放过程中，她经历了多少苦与痛、血与泪？

我是知道的！我觉得，中学老师也应该读读窦桂梅，你们会有收获的！

第四部分

关于教学风格

如何面对老师们提出的诸多语文疑问？

问：王老师，您提出了"青春之语文"的理念，您的教学风格也非常鲜明。然而，随着各式各样的语文理念不断涌现，一些老师开始撰文批评这些理念的提出者。您如何看待这种现象？

我的思考：在所有学科中，语文学科的个性化是最突出的。罗素说，须知参差多态，乃是幸福的本源。语文教学风格的多样化是语文教学健康发展的标志，是教师专业化发展的里程碑。每个人都是绝无仅有的"那一个"，都应该有自己的名字。每个人的语文理念也应该有自己的名字，哪怕这个名字默默无闻，在自己的心中也应该是明明白白的。有了这个"名"，你才会去充实这个"实"，有"名"又有"实"，你的教学风格就形成了，你的生命的风格也就形成了。有多少完整独立的个体，就有多少语文。

有多少完整独立的个体，就有多少语文

对于发表在《语文教学通讯》上的《有多少语文》一文的批评，我想说点自己的看法，同该文作者周传松老师商榷。

周老师批评的乃是包括我在内的、提出过鲜明的语文主张的老师。黄厚江老师的"本色语文"，我的"青春语文"以及其他老师的"诗意语文""精致语文"等无一幸免。细细数来，在我的视野范围内，类似的语文理念似乎也没有超过十个，并未到泛滥成灾的地步。但周老师很惶恐，甚至愤怒，担忧我们会搞乱语文，会让有些教师对"做好语文教学工作失去信心"，他讽刺我们"太可笑了"，"人为地制造出那么多语文，无疑是痴人说梦"。

我觉得周老师完全不必如此紧张。我想从以下几个方面简单谈谈我的看法。

第一，从来没有抽象的语文。我认为，理想的教育乃是个性化教师培养出个性化学生的过程。在所有学科中，语文学科的个性化最为突出。语文教学的具体呈现，必然要由个性化教师来演绎。而个性化教师，必然催生个性化的语文教学。罗素说，须知参差多态，乃是幸福的本源。语文教学风格的多样化是语文教学健康发展的标志，是教师专业化发展的里程碑。

所以，黄厚江老师说的"语文就是语文"要一分为二地辨析。我认为，这句话是在具体的语境下对当前语文教学乱象的纠偏，是一种带着主观感情的批评。它本身不是一个准确的判断。这就像我们说"人就是人"一样，虽有强烈的感情色彩，但没有理性的界定，不能拿它作为价值衡量的标准。所以黄老师才会一边说"语文就是语文"，一边追求"本色语文"。如果按照周老师的逻辑，黄老师岂不是自相矛盾？这实在是因为他既没有读懂"本色语文"，又不了解黄老师。

第二，我想纠正一下周老师对这些"语文"的误解。

周老师在文章中质疑道："既然有本色语文，就应该有诗意语文，既然有精致语文，就应该有自然语文，既然有青春语文，就应该有少年语文。由此类推，语文无数。"既而他又甚是疑惑，问道："教学说明文，会不会有诗意语文？教学诗歌，会不会有本色语文？教小学生，会不会有青春语文？教中学生，会不会有少年语文？"

我建议周老师系统地读一读黄厚江老师的《语文的原点——本色语文的主张与实践》，他就不会问诗歌教学有没有本色的问题。我也希望周老师有时间研究一下赵谦翔老师关于"绿色语文"的论述，他就不会猜想是否有"蓝色语文"。如果可能，他还可以翻一翻《王君讲语文》和《青春课堂——王君与语文教学情境创设艺术》等书，就不会发出"会不会有少年语文"这样令人啼笑皆非的问题。如果他认真看看董一菲老师的书，就会知道"诗意语文"和说明文教学并不矛盾。

我敢说，周老师对他批判的诸多对象都没有研究，甚至毫无涉猎，完全是望文生义，才会生出这么多疑惑。

事实上，"本色""青春""诗意""绿色"等词语在日常语境中都不是名词，而是形容词。对于这些词语，我们有自己的诠释。

以"青春语文"为例，这里的"青春"和年龄没有什么关系，它只代表着一种状态——课堂的、生命的、生活的状态。永葆激情，永葆青春梦想，永远拥有青春的活力和动力，我想，这是我们活着的全部意义。我自己曾经把"青春语文"的追求归纳为四句话：文本，有青春如新的解读；课堂，有青春灵动的设计；师生，有青春勃发的状态；生活，有青春如诗的旋律。我赋予"青春语文"的内涵，与周老师的理解是大相径庭的。

退一步说，即便按照周老师的逻辑——把"青春"理解为名词，我也可以明确答复："少年语文"必不可少！何止是"少年语文"，就连"幼儿语文""童年语文""中年语文"都有研究的价值。我们不可能用教中学语文的办法来教小学语文，一个优秀的大学中文系教授不一定能够成为优秀的中学语文教师。鲁迅教语文和朱自清教语文肯定是两个味儿。语文作为一门学科，跟其他学科一样，其内部的分类越细致，其发展越成熟。若是非要"一锅乱炖"，语文研究只会陷入眉毛胡子一把抓的混乱状态。

第三，对于周老师在文章中提出来的几个论据，我也觉得很可笑。

第一个论据是，特级教师在不同的公开课展示活动中表现不同，反差极大。周老师认为原因在于特级教师"独在展示自己的内在学养和执教风格"，而没有"依靠教材，作用于学生"，所以"提这样那样的语文，对语文教学没有太大的益处"。我不知道此番推论的逻辑何在。不管是在黄厚江老师对"本色语文"的理论建构中，还是在赵谦翔老师对"绿色语文"的阐述中，抑或是在我对"青春语文"的探索中，研究学生、把握学情都是极为重要的研究内容，是我们教学追求的天然构成。公开课之成败实乃常事。周老师说在"一年后同样的活动"中，"这些特级教师的执教却让人大跌眼镜"。如此语焉不详，我读之不免疑惑。首先，我不太相信特级教师会在相同地点同时授课成功，也不太相信他们会在相同地点同时折戟。其次，就算同时折戟，大概也各有各的原因。这几个教师恰恰就是"青春语文""本色语文""诗意语文"等理念的提出者吗？我觉得周老师下笔轻率了些，非常不负责任。

第二个论据是这些语文理念对其他教师的影响。周老师认为，"这种追求往往带有个人色彩，与个人的学养、气质、执教风格紧密相连，甚至与自己的教学环境也不无关系。如果加以推广，食而不化者、邯郸学步者必然不少，对指导我们的语文教学非但无益反而有害。更为严重的是，有些教师会觉得我的教学既不属于这个语文，又不属于那个语文，从而对自己做好语文教学工作失去信心"。我不知道是否真有老师因此"失去信心"，抑或只是周老师一厢情愿的想象。

研究一种教学追求对教师的影响有很多途径，质疑者应该采取实事求是的态度进行调查和分析，得出相对客观的结论，而不是这样想当然地下结论。

周老师可能低估了一线教师的智商，他们并不是想完全地成为榜样，而是寻找榜样身上与自己契合的那一部分。我们对语文教学有自己的追求，无论这些追求多么独特，都必须符合语文教学的基本规律，否则就不该称其为追求，也不会得到广大一线教师的认可。萝卜青菜，各有所爱。爱者慕之、近之、学之，在共鸣中寻找自我；不爱者自可以笑之、远之，甚至批判之、讨伐之，也是能促成自己的教学新思考的。我们这些草根教师的一点点语文追求怎么可能有那么大的力量，能让老师们"失去信心"，周老师真是高看我们了。

第三个论据是，连钱梦龙、李吉林等语文教育大家都没有给语文贴标签，你们凭什么自我标榜？读到这段我真是觉得悲凉。周老师的逻辑是，因为钱老师和李老师很伟大，所以他们怎么活我们也应该怎么活，他们没有做的事我们也不应该做。这是不讲道理！就是因为前人没有做，所以后人才要努力去做。换一个角度看，钱梦龙老师、李吉林老师恰恰是为我们做出了榜样。在他们那个年代，"三主""四式"导读法和"情景教学"本就是一种新事物。我可以想象，在几十年前，他们第一次亮出这些新提法、新观点的时候，同样会有压力，同样面临各种各样的质疑。但是如果他们随大流，如果他们心甘情愿给自己的研究成果戴上他人的"旧帽子"，那就没有今天的钱梦龙和李吉林了。为自己的研究成果命名是需要勇气的。

所以，评价一种教学追求既要看"实"，也要看"名"。名实相符，就应该得到认可、受到尊重。

周老师应该去研究"本色语文""绿色语文"等理论是否也能增强普通教师的教学信心，提高他们的语文教学水平，而不是搬出前人压今人。这样的论述，不厚道。

周老师的第四个论据更令人喷饭。如果周老师所说属实，不同流派的语文专家真的在教研活动中分庭抗礼的话，那么我要为这"分庭抗礼"大声叫好。我们的大部分教研活动实在是索然无味，很多老师信奉中庸之道，把说好话当护身符，把互相恭维当成熟，把"举手赞成"当习惯，如果还能有"干起仗来"的教研活动，我真要拊掌叫好了。

但我怀疑这是周老师的夸张或者编撰，这更不厚道。如果不是，请明确说明时间、地点、人物、具体情况，我愿闻其详。我们教语文，很容易教得锐气全无、个性丧失，若真有这么有血性的老师，这么"真刀真枪"的教研活动，我愿意拜他们为师，愿意多参加这样的活动。

总之，周老师完全不必担忧我们这些人"笔走偏锋，各执一隅，如同盲人摸象一般"或"给自己造一个壳，背负着一个沉重的负担，像蜗牛一样"。语文教学博大精深，如汪洋大海，如莽莽苍天。我们的生命太短，能够用于专业研讨的时间更是有限，再怎么努力，恐怕也只能窥见一隅。求得"一隅"已是不易，求全才是真的痴人说梦。

最后想以我自己的经历来说说为什么会有这样的"命名"。

提出"青春语文"的时候，我还只是毫无影响力的一名普通教师。我对教学的提炼和概括，完全出于自己的直觉——对自己个性特色的直觉，对自己教学风格的直觉，对理想中的语文教学境界的直觉。那段时间，我觉得内心有一种东西在涌动，有一种激情在喷薄。于是，在一次偶然的写作中，"青春语文"这几个字就顺理成章地涌出来了。对我而言，它是我的教学田野中自然生长出来的一棵树、一朵花，既非呕心沥血，也无处心积虑。

我喜欢"青春"这个词语，它和我的性格底色很吻合，简直就是我灵魂的特质。你怎么活，你就怎么教；你活得青春烂漫，你就教得青春烂漫；你活得萎靡不振，你可能也就教得萎靡不振。生命的状态就是你的课堂的状态，有白发苍苍的"青年"，也有年纪轻轻的"老人"，决定一个人青春与否的从来不是年龄。

语文教学更是如此。课堂之衰朽让长期身处一线的教师自己都忍无可忍了，追求"青春"的课堂也许是我们自我救赎的路径之一。

总之，我的"青春语文"是面向灵魂的，它是我对自己的鞭策。后来写的文章多了，上的课多了，老师们也渐渐认可了我和"青春语文"

的关系，这是我年轻的时候根本没有想到的。每个人都有自己的一面镜子，这面镜子就是汉语中的某个词语，我们在互相寻找。有的人比较幸运，早早就找到了。有的人晚点儿找到，有的人可能一辈子都找不到，找到总比找不到好。这个词语，其实是对自己的一种定位。人生苦短，没有太多时间左顾右盼，完善自我的方式就是把这个词语放大、再放大，让这个词语跟你的灵魂融为一体。到那时，也许你就不必再问"我从哪里来""要到哪里去"等问题了。你要成为什么样的自己，你要教什么风格的语文，你很清楚。这种"清楚"乃是生命之大幸、教育之大幸。

以我的素养和基本功，我根本无力建什么流派。"青春语文"是我的责任田，也是我的精神后花园。我在里边栽花种草，慢慢地享受生活，享受语文，慢慢地完善自我。我安静得很，笃定得很，从没有想过要"竖起一面大旗，聚集一支研究队伍，吸引人们的眼球"。我没有那个能耐，也没有那个兴趣。

至于为何会涌现共鸣者和同行者，我认为是因为追求青春的课堂风格契合了部分语文人的灵魂追求。他们拥护的不是我，而是一种生命状态。

对于提出其他语文理念的老师，我非常理解，也深知其中甘苦。由于研究精深，理论建构完备，部分师长朋友还真能"聚集一支研究队伍"。但我不觉得这是为了"吸引人们的眼球"，相反，这是一种责任和担当，这是大气魄和大奉献。

无论如何，能够找到一个词语来为自己的生活重新命名，为自己的语文教育重新命名，都是需要思考力和行动力的。有思考比不思考好，有提炼比不提炼好，有行动比没行动好，有探索比没探索好。

我觉得周老师根本不需要为此忧心。语文教师数量如此庞大，与"青春语文"类似的语文理念却屈指可数，这不是太多，而是太少了。如果老师们都能认识到自己的个性特质，对自己的教学有清晰的定位，这绝对不是坏事。

我们这些普通的一线老师，身体柔弱，手无寸铁，不过是还有点儿书生意气，愿意在这块贫瘠的语文田园里躬耕罢了，扰不了乾坤，乱不了世界，更不会殃及语文。

我们很容易接受各种形式的专制作风，从而警惕个人发出自己的声音。哪怕这声音微弱得很，渺小得很，也会被压制。我不觉得这是好现象。

每个人都是绝无仅有的"那一个"，都应该有自己的名字。每个人的语文理念也应该有自己的名字。哪怕这个名字默默无闻，在自己的心中也应该是明明白白的。有了这个"名"，你才会去充实这个"实"，有"名"又有"实"，你的教学风格就形成了，你的生命的风格也就形成了。至于有多少人认可，我觉得这并不重要。大浪淘沙，语文的历史自有公论。

我们不必追求青史留名，但我们必须活得有名有姓。

有多少完整独立的个体，就有多少语文。

普通教师能否形成自己的教学风格？

问：王老师，我是一名普通的乡村教师，我们评高级职称都很难，那么我们有可能形成自己的教学风格吗？

我的思考：教学风格是在目标明确的教学科研过程中渐渐形成的。一线教师完全可以有属于自己的富有特色的教学科研，因为真正的研究并非"大题小做"，而是"小题大做"，教师的智慧也并非一蹴而就的，而多是积微成著。只要我们在日常工作中坚持思考，就会收获富有价值的、源源不断的课题。专业成长的最终目标在于成为你自己，如果我们不能成为大海，那就成为奔腾的小溪吧。

做一条永远奔腾的小溪

一

隆冬的某个周末，北京下了一场大雪，银装素裹，寒风吹彻。

早晨，我的手机响了起来，是晓蓉发的短信。她说已经到了我们学校门口，看到我工作的地方了，她心满意足，要回去了。她把一套夜光杯放在了门卫室，嘱我回校上课时去取。她让我一定要爱惜身体，不要太忙碌。

她怕打扰我，不愿意浪费我的一点儿时间。她千里迢迢地从酒泉赶来北京，说好一定要见我一面的，未曾想是这样的"见面"。

那一刻，我的内心热潮滚滚，连忙告诉她"不行不行"，她"见"了我，我还没有见到她呢。我冲下楼，穿过积雪未化的操场，奔向我那来自远方的姐妹。

我们在北国清冽的风中相拥。

白雪静穆，西山庄严。那一刻我觉得，我和她——两位平凡的中年女子的相拥，是有划时代的意义的。

和晓蓉的相遇相知，在我看来就是一个奇迹。她教小学，我教中学，我们怎么会有交集？她在祁连山下，我在永定河畔，人海茫茫，山长水阔，如何能相逢？但是，我们就这样遇见了，一遇见就成为了知己。我感慨老天总是垂怜性情相近的人，让她们彼此寻找，永不失散。

我和晓蓉，确实有太多的相同之处。我们的学历都很低，"出身微

246

寒"；我们都曾是乡镇中学的女教师，我们的身上还有泥土的香味；我们虽不年轻，但童心未泯，好像永远活在少女时代；我们依旧天真热忱，依旧充满激情；我们爱美，爱一切和美有关的事物。因此，网上的短暂交集便激荡了彼此的灵魂。我们该是前世的闺蜜，今生的知己。

我读着晓蓉的《让幸福来敲门——我的专业成长那些事儿》，一次次被她的文字触动，勾起万千思绪。

由于职业性质特殊，教师的专业成长注定是艰难的。晓蓉是成功者，我知道她课上得好，班主任当得棒，获过很多奖，在当地很有影响力，在全国小语界也有一定的知名度。但晓蓉令人敬慕之处远不止于此，她的生命状态更令人敬服。一个年近不惑的女子，时时都在发现、记录、反思、成长，在这样一个忙忙碌碌，容颜和灵魂一样容易早衰的年代，晓蓉活得这样水灵、这样新鲜，这本身就是风景，就是奇迹。

生活不易，光彩的背后都是艰辛。只不过这艰辛，有的可以对人说，有的不可与人言。女教师的处境相当艰难，有嗷嗷待哺的幼子，有沉重的家庭负担，还有身为中年人无法推卸的责任。在工作之外，我们都只是游走于柴米油盐之间的普通家庭妇女。经营生活比上好一堂公开课、带好一个班难得多，但它却是女人获得幸福的必经之路。

女人在寂寞中成长，在寂寞中开放，这是我的深刻感受。

我想，晓蓉读到这些文字的时候，会更有共鸣。

二

晓蓉嘱我为她的新书写几句话，她很是忐忑，不断强调这本书是她—— 一个卑微的小学语文老师的"作文本"，很浅、很薄。

我理解她的谦逊和低调，但我想说的是，这本书哪里浅薄了？

这是我们一线教师的教育教学手记、生活手记。我们就是一群"小"老师，带着一拨"小"孩子，津津有味地过我们的"小"日子。"小"到孩子们的一颦一笑，"小"到生命的一呼一吸，都是我们珍贵无比的矿藏。晓蓉这样的教师，这样的女子，便是"加工"这些"矿石"的高手。她用爱来开采，用热情来雕琢，她有了属于自己的"作品"，如同陇地的夜光杯一般，白昼之中虽不算华美，却能于幽深之处闪射出迷人的光芒。

读晓蓉的书，我仿佛看见她款款走来，用文字将酒杯斟满，对我说：干杯！昭君，为我们共同痴迷的语文，为我们共同醉心的教育，为我们共同珍爱的生活。于是，我便与她这样一位优秀的语文教师、一位生命的艺术家，同醉。

我翻出自己早年出版的《青春之语文——语文创新教学探索手记》一书的后记，和晓蓉共勉。

我也一直耻于暴露自己的浅薄，我以为像我这样出身贫寒、底子薄弱的教师是和教学科研无缘的。每每读到体系宏大、结构精密、论证严谨、旁征博引的教育著作或科研论文，我就忍不住地自惭形秽，甚至连拿笔的勇气都丧失了。

这种自卑心理和矛盾的情绪始终困扰着我，直到我读了李镇西老师的《教育可以这样表达》。

李老师认为，理念的表达与深奥的术语没有必然联系，教育理念的阐释可以是朴素的。所谓"教育理念"，无非就是隐藏在教育行为背后的指导思想，这种指导思想人人都有，并非为教育专家所垄断。所以，理念并不神秘，对教育理念的阐述完全可以、也应该是平易通俗的。

教育情感的抒发可以是诗意的。教育研究和教育实践都不单纯是自然科学式的操作，它带有强烈的人文色彩。如果说在自然科学的研究过程中，研究者要保持自己与研究对象的距离，避免主观感情影响结论的客观性的话，那么教育恰恰相反。教育者与教育对象应该是紧紧联系在一起的，流露真情、抒写真情才是我们追求的教育境界。因此，教育论著完全可以让真情实感像泉水一样自由奔涌。

教育过程的叙述可以是形象生动的。教育者的智慧更多体现在教育过程之中，具体而言就是体现在故事中。因此，"讲故事"也是教育感悟的一种表达方式。对于一线教师来说，坚持写教育日记、教育手记，哪怕仅仅是记载自己每天的教育故事都是很有意义的。如此坚持三五年，任何一个教师都可以成为真正的教育能手乃至教育专家。

教育现象的评判可以是激烈的。教育者应该是性情中人，各种教育现象都会在他的心中掀起波澜，孕思考于胸中，遣激情于笔端，指点教育，激扬文字，敏锐而犀利，从容不迫而又掷地有声。

李老师的话让我豁然开朗。一线教师完全可以有属于自己的富有特色的教学科研的，因为真正的研究并非"大题小做"，而是"小题大做"，教师的智慧也并非一蹴而就的，而多是积微成著。只要我们在日常工作中坚持思考，就会收获富有价值的、源源不断的课题。语文教学是最富有艺术的浪漫精神的，语文教研也完全可以追求诗化境界。那种抹杀教研个性、削足适履的所谓"学术论文"，那种唯上是求、不敢越雷池半步的所谓"成果总结"，那种不求创新、呆气十足的所谓"科研报告"，应该为自由飞翔于审美世界的语文教师所摈弃。诗歌、散文、教育随笔等都可以成为语文教师自由阐发思想的表达形式。

在这样的激励下，我才有了几百万字的语文教学手记和班主任工作手记，才有了多本深受教师朋友欢迎的"专著"。我离理想中的教育境界依旧很远，但幸运的是我已经不再为此痛苦和彷徨了。大概是因为我的性格自由率真，朋友们多爱戏称我是一条小溪。以前觉得这戏称多少有些贬义—— 小溪毕竟是浅薄的，但现在我却极为珍爱了，庆幸自己还保持着对语文、对生活的童真与激情。

所以，我愿意做一条快乐的小溪。我一路奔腾、飞珠溅玉，尽管我的歌唱不是天籁，但我希望它是语文教学改革大潮中的一段和谐优美的旋律。

更为重要的是，因为我是一条快乐的小溪，所以我拥有奔向大海的可能。我将依旧一路高歌，让我流淌过的每一寸土地，都成为我曾经认真地活过、教过、爱过的见证。

让我们一起做一条小溪吧，做一条洋溢着青春激情、永不枯竭的小溪。我渴望读到晓蓉的更多作品，我等待着。

为什么强调"要敢于挑战公开课"？

问：王老师，您一直强调要敢于挑战公开课。请问，这是快速提升教师专业素质的重要途径吗？

我的思考：平庸的老师逃避公开课，优秀的老师勇敢迎接公开课，杰出的老师要创造机会上公开课。五年上一堂公开课和一年上五堂公开课，其收获的成长是不一样的。公开课让你在不知不觉中签署了一份教学相关的"质量保证书"。如果你曾经登上教学艺术的高峰，曾经享受过教学艺术的高峰体验，那么，你的教学追求就可能永远定位在高峰上。在公开课上，你所成就的不仅仅是几个"代表作"，而是追求卓越的习惯，这习惯会使你孜孜不倦、兴趣盎然地去改进"家常课"，使其变得厚重且精彩，从而使你的人生拥有更多可能性。

要敢于挑战公开课

一堂研究课，我准备得非常充分，讲过两次也称得上是圆满。因此，再次教学时我信心十足，但结果却不尽如人意。这是一拨特别沉默的孩子，不发言，把头埋得低低的。我在课堂调控方面不算太笨，可是在这堂课上，我绞尽脑汁也没有找到能让他们敞开心扉的方法。于是，这堂课草草收场，和预期的效果相差甚远。

评课时，大家都很真诚，也很尖锐，因此我听了许多批评意见。

我专心地听，不反驳。其实，如果课堂交流顺利，这些问题都不会存在。但因为出现了意外情况，许多不该存在的问题都跑出来了，甚至是一些很低级的问题。这说明我还很不成熟，说明我还需要提升自己的课堂应变能力。

朋友担心我在评课的"枪林弹雨"中倒下，不断鼓励我。我很感恩，但其实没有那么严重的。上公开课就是这样，谁也不能保证每堂课都精彩，时时都得做好应对意外的准备。课堂波谲云诡，这本身就是历练。

我常说，要敢于"死"在公开课中，这是真心话。教师的专业成长，必定是和公开课紧密联系的。由于评价指标模糊，教师的专业成长便难以衡量。评价服装厂工人的成长很简单，这个月比上个月多制作了十件衣服，那就是成长，清清楚楚、明明白白。评价商人的成长也简单，这个月比上个月多赚十万元，那他就是成长了。但教师的成长路径比较模糊，且与学生的成长密切相关。而学生的成长是一个系统工程，是一个长期投资，短时间内根本看不出来。

教师的成长更与内心的成长相连，与每一堂课相关。促使教师走向成熟的事物有三：一是公开课，二是教研写作，三是同学生交往。

课堂是我们的"饭碗"，是我们必须长时间站立的地方，是我们领悟生活本质、提升生命质量、收获圆满人生的地方。

而公开课，是教师成长的高速公路，是生命成长的训练营，是所有教育事件中最为惊心动魄的"意外事件"。这些事件完全可能催生出巨大的成长能量，使我们实现弥足珍贵的瞬间觉悟和瞬间成熟。

我想起一件往事。

在我参加工作的第一年，学校领导遇到了一件"难事"。东溪古镇接受了上级安排的任务，调查基层中学"在教学中渗透德育"的实践情况。任务由国家教委（现为教育部）下派，从成都下到重庆，从重庆下到綦江，最后落在了川黔交界、大山深处的我们学校。

这事当然与我无关，根据我们乡的规矩，教龄满一年的老师才能参加学校的各种比赛。因此在比赛活动中，我们这些新老师都只能充当观众。

谁去上课？没有老师愿意。这很好理解，我们是乡旯儿里的小学校，大家连县城都很少去，没有人"见过世面"。教委领导来检查教学工作，如果上不好怎么办？这关乎的可不是教师自身的荣誉，而是我们乡、我们镇、我们县、我们市、我们省的荣誉。我们这些"乡巴佬"老师，心里打鼓是正常的。

校长犯了难。在全校教职工大会上，不管他怎样激情洋溢地动员，大家都还是缺乏积极性。校长的目光一遍又一遍地扫视全场，最后落在了我的头上，说："就让小王老师来上吧。"

我瞬间慌了，我执教才满一个月，连怎么上课都没有弄清楚呢。

校长循循善诱，其中最打动我的一句话是："你想啊，小王老师，你才工作一个多月，你去上，上好了，多光荣。就算上得不太好，也没有关系嘛。我们就说，这是个新老师，一点儿经验都没有，已经不错啦！总之，你成功或者不成功，结果都会是好的。"

这话管用。其实就算不管用，我也必须得去了，因为校长已经开了口。直到现在，我也没有学会拒绝别人。我也不太会和领导打交道，对于上级命令，我是只会硬着头皮去扛的那种人。

于是，在参加工作一个半月的时候，我上了我教学生涯中的第一堂公开课。第一次上公开课就是"国家级"的。

上什么呢？我刚入职时带的是高中班，要和德育挂钩，于是我决定上《为了六十一个阶级弟兄》。那课是怎么上的，我已经记不得了。地处穷乡僻壤，也没有可以请教的人，只能自己胡乱备课，我紧张得好几天晚上不敢睡觉，睡着了也总做噩梦——简直跟当年参加高考一样。

最后我总算是上完了。上得好不好我也不知道，总之是全身都湿透了，嗓子也疼得厉害。当我还傻乎乎地站在讲台上不知所措的时候，一个女干部（据说是教委领导）——在我这个乡下丫头看来风度翩翩——走上讲台，和蔼地拍着我的肩膀，鼓励道："小王老师，上得不错，前途无量。"

我立马就呆住了。

若干年后我才醒悟，这样的一句话，其实是一句客套话，不一定是真正的评价。但当时年轻不懂这些，我马上就飘飘欲仙了。天哪，国家教委的领导都说我上得不错，我肯定是上得不错了。

现在想来多么有趣，年轻和无知真好啊！

从此以后，我对上公开课产生了浓厚的兴趣。后来各片区赛课，县教研员随意点将，一点就点到我身上。不是因为我优秀，而是因为我一碰到他就邀请他来听课。他说："这小丫头挺有意思的，喜欢上课，那县里的比赛就让她去吧。"

这么一句话改变了我的命运，我得以在 22 岁时就参加全市的课堂教学大赛，在 25 岁时就参加全国课堂教学大赛。虽然赛课失败了，可那次失败太珍贵了。我在很多文章中都提到过那次令我伤心、令我成长的比赛——那是来得太及时的一次失败。后来，我又参加市里、省里乃至其他省市的各种比赛，包括赛课、赛说课、赛基本功、赛演讲、赛班主任基本功等。

30 岁以前，我简直就是"赛课专业户"。

这些经历写起来就几行字，很轻松。但事实上每一次比赛都是煎熬，都是在油锅中打滚，都有椎心泣血的痛。但正是这种痛让我明白，没有"敢于'死'在公开课中"的思想准备，那最好不要上公开课。

公开课让你在不知不觉中签署了一份教学相关的"质量保证书"。如果你曾经登上教学艺术的高峰，曾经享受过教学艺术的高峰体验，那么，你的教学追求就可能永远定位在高峰上。在公开课上，你所成就的不仅仅是几个"代表作"，而是追求卓越的习惯，这习惯会使你孜孜不倦、兴趣盎然地去改进"家常课"，使其变得厚重且精彩，从而使你的人生拥有更多可能性。

人即是课，课即是人；人创造课，课也创造人。上课，从上好公开课到上好"家常课"，于我们而言，获得的不仅仅是荣誉，更是修养、学识、经历以及积极向上的人生态度。

春天又到来了。区里、市里的新教师培训和骨干教师培训先后拉开了序幕。师训部的老师和组织培训的教研员都向我表达歉意，觉得让我做报告是加重了我的负担。然而，我一点儿都不觉得是负担。

我是一线教师，上课是我的天职。无论是在自己班上课，还是去其他学校上课；无论是有人听课，还是无人听课；无论是成功还是失败，对我来说都没那么重要，我只须认真即可。这认真，不为别的，只为了活得踏实。课堂效果好是正常的，课堂效果不太好则更正常。课堂教学是遗憾的艺术，有遗憾，便永远有成长的空间。

我曾经带过一个年轻的徒弟参加各种比赛。当年评课很严酷，不留情面，磨课更是接近残忍。小姑娘下来守着我哭，诉说委屈，想放弃。我告诉她："你呀，就把这些难听的评价全当作忠言，吞下去消化掉，它就成了你的养料，你就长大了，枝繁叶茂了，开花了。"

小姑娘听了我的话，咬着牙"吞"下了这些"忠言"。她终于挺了过来，收获了扎扎实实的成长。

一年上五堂公开课的老师和五年上一堂公开课的老师，对教学的理解是不太一样的。上课永远成功和上课经常失败的老师，对生活的领悟也是不一样的。甘于平庸的老师逃避公开课，追求优秀的老师勇敢迎接公开课，甚至创造机会去上公开课。

一位网友曾经说过，不上公开课是"等死"，上公开课是"找死"，不如在"找死"中杀开一条血路，置之死地而后生。

兴高采烈地迎接成功，心平气和地接受失败，在这一过程中，人就会渐渐成长，并找到生命的意义。"死"都不怕的人，更有可能"活"得好。教师多在公开课中"死"几回，在"家常课"中就能"活"得更滋润。

我家大门常打开

这学期我在教研组内倡导互相"推门"听课。年轻老师们很可爱，也很踊跃，经常来我的班级"推门"听课。当然，我也经常推其他班的门，然后心安理得地坐下来听想听的课，不再像以前一样忐忑，顾虑多多。

我很喜欢这种状态。我希望我们教研组保持这种自由听课的氛围，也希望年轻老师们从踏上讲台开始就有这种积极进取的学习态度。

教学研究最好的途径还是听课。

"计划内"的公开课是必需的。这样的课具有研究的性质，应该投入更多的思考和准备，其呈现出来的质量也应该高于日常上课的质量。我不同意某些过激的说法，比如公开课必须和"家常课"一样。我认为公开课应该摒弃表演，要有"家常味"，但又不能只有"家常味"，必须要有超越"家常味"的东西，要能集中体现教师的教学特色，要能展示教师在某个阶段的教学思考和教学研究成果。常规意义上的"公开课"，是教师自己的"先锋课""打靶课"。

上课不易。有些歌唱家唱了一辈子，留在听众心中的歌曲可能只有一两首；有些表演艺术家演了一辈子，能够被观众记住的角色可能也只有一两个。语文老师也是如此，上了一辈子的课，未必有一堂课能够烙在学生的记忆中。公开课是一个磨炼自我、成就自我的机会，往往能为教师打造优质课堂作品奠定基础。一位语文老师，如果没有留下几个课堂作品，于学生、于自己都是遗憾。

但是，只关注教师的公开课也是不够的。要了解一位老师、帮助一位老师、研究一位老师，你必须进入他的"家常课"——真正的"家常课"包含了教学中的"柴米油盐"和"一地鸡毛"。每个教师都是一个独立完整的系统，公开课只是这个系统的"冰山一角"，是其恢宏壮丽的"教学建筑群"的一个屋檐。这个屋檐再好看，也只是屋檐。你必须走进去，深入研究他是如何构建自己的整个教学生活的，研究他和学生在最普通的日子里是如何对话、如何交流的，研究他如何布置作业，如何评讲作业，如何进行作文激励，如何处理课堂矛盾，甚至于，在一些不可避免的生活琐事中，他是如何对抗平庸的。

"家常课"是教师教学的"毛细血管"，不走进这些"毛细血管"，你就不会识得庐山真面目。

对授课老师来说，如果只把课堂光鲜亮丽的一面展示出来，那么任谁都不会出现大问题。但是，我们敢以课堂的"毛细血管"示人吗？我想，这还是需要一些勇气的，需要一个教研组取得共识，需要一群教师组成真正的"共同体"，需要对教学有朴素的认识，即教学生活的每一个环节都具有相同的价值，都需要反思，都需要建设。推门听"家常课"，就是把最日常的教学细节都置于研究的位置上。

只有对生活格外用情的人才会用心省察生活的"神经末梢"，也只有对教育教学格外用情的人才会全心全意地设计和打磨日常教学的细节。

"推门"而不用打招呼，我想，这是一种非常美好的姿态。对听课者而言，推开这扇门的都是有心人。在这个世界上，最宝贵的东西是时间。只有关注并尊重你的人，才会愿意牺牲自己的时间进入你的教学生活，研究你的教学生活。对授课者而言，接受"推门"代表着一种淡定从容的教学心态。授课者选择相信，相信听课者不是猎奇的，不是来挑刺的，而是来和自己共享一段细水长流的教学时光的。因而，作为授课者，我愿意分享，不管是课堂的"豪华大餐"，还是教学的"清汤寡水"，对我来说都一样重要。

我想，对于任何听课者，我们都应该心怀感恩。他们把一段珍贵的时光赠予我们，他们奉献出的是生命的无价之宝。

接受听课的我们，应当享受他们的赠予。因为有了他们的加入，我们才会更谨慎、更庄重地对待自己的教学时光。把平凡日子过得精致美满的人，是生活的艺术家；把平凡的"家常课"上得有滋有味的人，是教学的艺术家。

做得了教学的艺术家，才有可能真正成为生活的艺术家。

我想做生活的艺术家，所以我既开放"公开课"，也开放"家常课"。我家大门常打开——欢迎听课，感恩听课。

为什么要坚持记录教育教学反思？

问：王老师，您一直坚持进行教育教学的反思写作，我们读了非常感动。请问，这是快速提升自己的专业素质的途径吗？您是怎么进行反思的？

我的思考：哲人说，未经省察的生活是不值得过的。同理，未经反思的教育教学生活也永远处于原生态。优秀的教师一定要超越原生态，养成反思的习惯，首先要反思课堂和课程，其次要反思师生关系。只有通过反思，我们才能精进教学技艺，并且逐步建立起最佳的教育心智模式。记录至关重要，因为记录就是智慧的存储和经验的投资，久而久之，它们就会产生巨大的"利息"，让每一个投资者"腰缠万贯"。

关于《亲爱的爸爸妈妈》教学的四次反思

关于《亲爱的爸爸妈妈》的教学，我完成了四篇反思文章。前两篇分别是《天光云影共徘徊——句号在课堂设计中的作用举例》和《让虚词"登堂入室"》，在那两篇文章里，我记录了对文本中的句号和虚词"也"字的深度解读与课堂处理。现在，我将另外两次反思的内容附于下方，以期在多角度地反思教学细节这个问题上，带给大家一些启示。

纯美人性的闪光
——《亲爱的爸爸妈妈》结尾导读

【教学说明】

导读《亲爱的爸爸妈妈》，着力点都在语言的"深处"：一是体会"凄风。苦雨。天昏。地暗。"一句中句号的特殊表达效果；二是理解"另一位作家讲话之后，日本人也要讲话了"一句中虚词"也"字的独特功能；三是深味第四部分遇难者临终留言的"无标点"效果。从这几个不经意的语言点开凿下去，我完成了两个教学重点——把握全文忧郁深沉的感情基调和理解作者的历史观、战争观。

这三处着力点是学生阅读的盲点，也是所有参考资料的空白点。

正是在这样的导读中，我感受到自己作为语文教师的尊严。

下面的课堂实录片段呈现了对文章第四部分内容的品读。

【课堂实录片段】

师：同学们，现在请你们自由地、大声地朗读第四部分，然后说说这些留言带给你们的最强烈的感受。

（生自由朗读）

生：这些句子大部分都是没有标点符号的，读起来很吃力。

师：为什么没有标点符号呢？在文中找出答案。

生：第一段中说了，是"他们临死前几分钟"写下来的，可能时间紧，就没用标点符号。

师：但作者可以给它们加上标点符号啊。我们的文言文也是没有标点符号的，后人为了方便阅读，不也加上了吗？

生：不能加，加上读起来虽然容易了，但表达效果就不如以前了。

师：说一说，没有标点符号，你更能读出些什么？

生：我读出了当时的紧张气氛，人们面对生命的最后几分钟时很慌乱。

生：我读出了压抑，还有迫切，他们珍惜和亲人说话的每一秒。

生：我还读出了恐慌，死亡让他们语无伦次。

师：从我们读者角度来说呢？

生：没有标点符号，我们在读的时候更有一种喘不过来气的感觉。

生：是。本来这篇文章就让人痛苦，读到最后这些没有标点符号的留言，更令人压抑。

生：我读到这个部分时思绪就有些飘远了，似乎看到了当时混乱悲哀的场面。

师：标点符号的作用是停顿，让表达流畅清晰。但是高明的作者会用不加标点符号的方式来破坏这种流畅清晰，巧妙地重现了当时恐怖的氛围。气氛的渲染又一次把情感推向了高潮。我们能不能从这些散乱的文字中窥探到那些即将赴死的人们的情感状态？请大家再把这些文字朗读一遍。

（生沉重地朗读）

生：我发现大部分人都知道自己要死了，但还是有少数人没有意识到这点。比如巴法尔，他还在让家人送东西来。

师：是啊，善良的人们还没有意识到死亡马上就要降临了。作者这样写有什么好处吗？

生：更能反衬出法西斯的凶残。有些老百姓根本不相信他们会杀人啊。

师：凶残者的凶残是善良者永远想象不出来的。

生：这些零散的留言让我非常感动。在生命的最后一刻，他们大多都是在表达爱。

师：你能读读最让你觉得爱意深重的句子吗？

（生动情诵读"亲爱的爸爸妈妈""再见我最最亲爱的""永别了我所有的亲人我最最亲爱的"）

师：在死前的最后一刻，他们想到的都是什么？

生：他们想到的是亲人的幸福。他们在尽可能地安排妻子、孩子的生活，在鼓励亲人要幸福，还有的人在请求亲人的原谅。

师：当这些善良的人一声声地呼唤着"亲爱的"的时候，你能体会到他们面对死亡时的感受吗？

生：临死之前，他们的眼前出现的是和亲人在一起的场景。

生：离开这个世界之前，他们更加担忧的是自己死后亲人会痛苦，亲人的生活会不幸福。

生：面对着冷冰冰的枪口，他们的心还是那么柔软。

师：这个对比用得好！语言像诗一样美。法西斯的残酷和南斯拉夫人民的善良都在这对比当中了。面对死亡，他们的心中不痛苦吗？他们不仇恨法西斯吗？有一位牧师的留言，请大家读一读。

（生读"永别了我所有的亲人我最最亲爱的我就要死了虽然我无罪"）

师：请你用你认为最恰当的语气和情感来读。

（多个学生尝试朗读）

师：同学们都处理得很巧妙，但有一个共同点，我感觉你们都没有在朗读中表达愤怒和抱怨。为什么？

生：我读出的是一种从容，没有抱怨。

生：这是一位牧师，他不会一边说着"我最最亲爱的"一边抱怨的。

生：从前后的语境也可以看出来他是平静的。

师：同学们，西方人是富有信仰的，他们对上帝怀有感恩之心。正如圣保罗受到撒旦的迫害而不背弃上帝一样，这位牧师也没有因为命运的不公平而放弃自己的信仰。如果说"举世誉之而不加劝，举世非之而不加沮"是一种境界的话，到死仍相信人性的美好，又是一种怎样的忠诚与信仰呢？他们难道真的就一点儿恨都没有吗？从留言中看得出来吗？

生：肯定也恨。在这些留言中，表达仇恨的只有一个叫史迪凡的工人，他留下了一句话"孩子们为父报仇"。

师：是的，同学们，只有这一句是复仇的话，它被淹没在无数深情的"亲爱的"当中。爱远远超过了恨，对亲人的祝福远远超过了对罪恶的诅咒。人之将死，其言也善，一个人的临终留言最能体现出其心灵深处的情怀。从这些留言中，我们读到了一颗颗平凡的心，也读到了一个个伟大的灵魂，这是人性最高贵的一次闪光。这不也证明了前文"南斯拉夫的塞尔维亚人就那样年年不间断地表达他们的历史感⋯⋯"，请大家齐读。

生：没有仇恨，没有愤怒；只有悲哀，只有记忆，只有警告——世间永远不能再有战争和屠杀了。

师：再读！

生：没有仇恨，没有愤怒；只有悲哀，只有记忆，只有警告——世间永远不能再有战争和屠杀了。

⋯⋯⋯⋯⋯

无法绕过去的语法知识
——《亲爱的爸爸妈妈》教学片段感悟

自课程改革以来，部分老师将淡化语法知识当作时尚，将语法知识置于一隅，只有要点呈现没有学习载体，语法教学的地位一看即明。对语法知识的考查要求更是明确降低了，考试的"紧箍圈"一松，教师的教学也就顺水推舟地疲软下来了。就我的了解，在大部分学校，绕过语法知识或者蜻蜓点水般地提示一下是语法教学的普遍状态。初中生或是对词性、短语、单复句知识完全不了解，或是仅仅了解一些皮毛。

我自己曾经也深受语法教学之苦，曾经也因为改革的到来而欢呼雀跃。但是时间一长，我渐渐地觉察出学生缺乏语法知识的窘况，比如对病句的辨析变得非常迟钝，概括能力下降，文字表达经常逻辑不通，等等。

下面呈现的这个课例就非常典型。

学习《亲爱的爸爸妈妈》时，在整体阅读阶段，我让学生浏览全文，尝试为各部分加小标题。孩子们很积极，但是拟出来的小标题却因为语法知识（主要是词性知识和短语知识）的匮乏而不甚精准。也是出于同样的原因，在点评过程中我明显感受到大部分学生的紧张和茫然。

这个教学片段并不算成功，平时对语法教学思考不足、积累不足导致了我的手足无措，慌忙补救也不可能解开大部分学生的疑惑。但这样的经历让我意识到，让孩子们在"活的"语境中学习语法知识，应该是语法教学的一个途径。而教材的编写人员似乎也应该从这些方面入手，努力改变语法知识缺乏教学载体、不得不孤立地呈现的局面。

总之，对语文教学的实践和思考越深入，我就越能体会到语法教学的必要性。这是好事，当我们都感觉语法知识绕不过去的时候，解决的契机也许就要到来了。

【课堂实录片段】

（五名学生上黑板书写四个部分的小标题，其他学生观察讨论）

游婧的小标题为：凶残的纳粹、渴望没有战争、沉重的历史、感人的片纸只字

王尧的小标题为：记忆、怀念、觉悟、深爱

廖思琦的小标题为：走向悼念、体验悼念、反思悲哀、遗留的话

沈丹婷的小标题为：纪念哀悼、哀伤控诉、前后对比、死亡留恋

杨雨涵的小标题为：历史、记忆、反思、纸条

师：真好！在这么短的时间内，大家拟出了这么整齐而有创意的小标题。但是如果我们要求严格一点儿，大家有没有发现这些小标题都有不足。它们外形上是整齐的，但是，它们真的整齐吗？先看看游婧的。

生：不整齐。比如游婧的小标题，"凶残的纳粹、沉重的历史、感人的片纸只字"很整齐，但突然来一个"渴望没有战争"，就不整齐了。

师：你的语言感受能力很强。"凶残的纳粹"这类短语是偏正短语，但是"渴望没有战争"却是动宾短语，一个中心词在末尾，一个中心词在开头。同学们尝试一下结合内容，把"渴望没有战争"这个小标题改改，改成偏正短语。

生：深切的悼念。

生：悲痛的感怀。

师：好！"感人的片纸只字"字数多了，能不能也改为五个字的偏正短语呢？

生：感人的遗言。

师：好，来，读一读这四个小标题，体会一下偏正短语的力量。

（生齐读两遍：凶残的纳粹、沉重的历史、深切的悼念、感人的遗言）

师：偏正短语的中心词也可以是动词，比如沈丹婷的小标题"纪念哀悼、哀伤控诉、前后对比、死亡留恋"。她用四组词语来表达，确实是下了功夫的，非常有创意。她有四个动词用得很好，就是每一

组右边的四个词语"哀悼""控诉""对比""留恋"，大家能不能把它们也变成偏正短语呢？试一试。

生：沉痛地哀悼。

生：愤怒地控诉。

生：深刻地对比。

生：痛心地留恋。

师：真好！偏正短语的中心词还可以是形容词。同学们为游婧修改的小标题的修饰语都是形容词，为了令表情达意更加准确、充分，我们可以在这些形容词前面加上修饰语。试一试。凶残——

生：非常凶残！

师：沉重——

生：特别沉重！

师：深刻——

生：极为深刻！

师：愤怒——

生：极端愤怒！

师：大家理解了吗？整齐的偏正短语的表达效果是很好的，往往可以构成非常精妙的小标题，以后大家可以多尝试。

师：继续。谁再评一下王尧的小标题，她用了四个词语"记忆、怀念、觉悟、深爱"，挺简洁的，但也有问题。首先，其中一个表达不是词语，而是短语，大家找找看。

生：深爱。

师：聪明！"深爱"是"深深地爱"，是短语。中心词是——

生：爱。

师：修饰语是——

生：深深地。

师：这其实就是我们刚才说的哪种短语？

生：偏正短语。

师：对了！所以王尧啊，这是个穿着"词语"外衣的短语，你被它迷住眼睛了啊。拟小标题的时候，词语和短语最好分开用，这样就可以显得更加整齐。好，再看其他几个词语——"记忆、怀念、觉悟"，有没有问题？

生：感觉挺乱的。

生：词性！词性不对！

师：哦，不错不错，还知道词性。说说哪里不对。

生："记忆"是名词，"怀念"是动词，"觉悟"也是名词，词性不一样，当然就乱了。

生：不对，"记忆"也可以是动词，"觉悟"也可以是动词，"怀念"也可以是名词。

师：好聪明啊，用造句来证明一下它们的词性是丰富的。

（生讨论，许多学生的造句是错误的）

生：这件事情已经不能记忆了。"记忆"是动词。

生：他又恢复了记忆。"记忆"是名词。

生：看了一场电影后，他突然觉悟了。"觉悟"是动词。

生：他的觉悟很高。"觉悟"是名词。

生：我怀念我的故乡。"怀念"是动词。

生：怀念是一种美好的感情。"怀念"是名词。

师：好！看来王尧没有用错啊，可是为何我们感觉乱呢？这个谜底由王老师告诉你们。主要原因在于，"怀念"是可以接宾语的，我们可以说"怀念××"，这叫动宾短语。而"记忆"和"觉悟"虽然也可以作为动词使用，但它们一般是不能直接接宾语的，这在英语中叫不及物动词，而"怀念"是及物动词，因此我们才会觉得上述词语组合比较乱。所以啊，我们在拟标题的时候，还应该尽可能地考虑到这个因素呢！

（部分学生恍然大悟，但大部分学生依旧迷惑不解）

师：如果都改为及物动词，感觉就会好很多。同学们来试一试，"记忆"改为——

生：回忆。

师："觉悟"改为——

生：反思。

师：把"深爱"也改成意思相近的一个词语吧。

生：留念。

师："留念"和"怀念"有一个字重复了，还可以再改改。暂时就这样，已经很好了。大家看看，现在四个小标题就变成了"回忆、怀念、反思、留念"，多好啊，都是可以接宾语的动词，这就整齐了。

师：好，用刚才学到的知识评价一下沈丹婷和杨雨涵的词语选择。

生：杨雨涵的小标题的词性很乱。"历史"和"纸条"肯定是名词，"记忆"和"反思"好像不是。不，刚才说了，"反思"和"记忆"可以是动词，也可以是名词。

师：刚才说过，沈丹婷的小标题用了一对一对的词语，很新颖独特，而且这些词语都是动词。只是有一个动词是不能接宾语的，大家找找看。

生：死亡。

师：非常聪明！再评评廖思琦的小标题，她也很有创意，但是小标题的短语结构也有点儿乱。

生："走向悼念"和"体验悼念""反思悲哀"结构相似。

师：都是动宾短语。"遗留的话"呢？

生："遗留的话"是偏正短语。

师：是啊，短语的结构相同对于增添语言的美感很重要。对于这方面的知识，老师平时强调得不够，以后我们一起努力多学有用的语法知识。

…………

如何坚持阅读？

问：我平时太忙了，在备课、上课、改作业、处理学生之间的矛盾、整顿课堂纪律之外，根本没有时间再进行学习。王老师，您是怎么坚持学习的？

我的建议：必须坚持阅读！阅读，阅读，永远阅读！教师这个职业需要教育者不断更新自我，超越自我。教育者如果想使生命之河流动，进而产生质变，就要不断地向这条河里注入新的活力因子，使其日益显出宽广博大的气象。一线教师读书，一要读教学专业期刊，了解学科的前沿信息；二要读教育教学名著，探源溯流，建立学科信仰；三要读文史哲经典，开阔自己的视野；四要适当地读学生喜欢的书，寻找课堂教学的共鸣点。

你今天读什么书?

语文教师是必须要读书的。几日不读书，就算别人看不出来，自己心里也必然会发慌。作为老师，你天天都在往外倾倒，如果不及时补充，你很快就会觉出自己的虚弱。这总是使我想起小时候做的那种令人头疼的应用题：一个大池子，一边在进水，一边在出水，进水管子和出水管子的大小与流速都是不一样的。接着便问池子里的水什么时候会流尽。我的数学成绩一直很糟糕，所以很讨厌这种题，心想有谁会那么傻，一边进着水，一边又排水，疯了吗？当然，那时候我也没有勇气去质问老师。

现在我明白了，这根本就不是数学题，而是生命问题，是教师职业的真实写照。放水好比讲课，进水好比自我的修炼学习，我们很容易就被生活套牢了。如果只有放水而没有进水，或者进水太慢、太少，我们就会日渐枯涸，我们的课堂自然就会变成一潭死水。

我可以肯定地说，课上得好的老师，一定是喜欢读书的老师；一个进入可持续发展的良性轨道的老师，一定是长期坚持读书的老师。

在这方面，我不属于那种做得好的人，只能算是勉强及格。我能主动积极地、持之以恒地读书，但所读书籍的理论层次都不高，数量也不算多，宽度和广度也远远不够。比起我的朋友郭初阳、霍军老师等，我就如同是小学生读书。

这段时间，我同时在看几类书，几乎能坚持天天精读，因爱而读。

我起床很早，常有朋友关心我睡眠不足。其实不用担忧，早起是因为早睡。我睡得太早，早得都不好意思说。因为要做家务、管孩子等，我晚上没有精力做事，所以干脆早睡，第二天早起再看书、备课，其实睡眠时间是一样的。但据说这样更科学，符合身体作息规律。

晨起，我会先读克里希那穆提的《教育就是解放心灵》，这是校长推荐给我们的书。我一读就放不下了，于是决定精读。这本算是哲学书，必须一字一句地去品读，否则就会读不懂。我边读边批注，读得很仔细。克里希那穆提对教育的大部分见解都深得我心，我也看得出来，我们校长也深受他的影响。我们学校的建校思路，和他的思想是相吻合的。我读得很慢，读一节内容也要花不少时间，但常常读得拍案叫绝。居然有这么一位印度老人，把我心中许多模糊的理念表述得如此到位。生命果真不是孤独的旅程，这书成为了我的枕边书。我迷上了这位老人，后来看到图书馆里还有好几本克里希那穆提的书，就全捧回来了。

接着，我会读余老师的《余映潮的中学语文教学主张》。余老师来北京时，给我带来了这本书。这书有多好，你读了才知道。我也是边读边勾画批注，结果大半本书都被我画上了红线。我的教育风格其实和余老师完全不同，但这并不妨碍我欣赏余老师的超绝之处。他研读教材的功夫可以说是炉火纯青，他创意教学的本事更是前无古人。我佩服他的原因有很多，最重要的是两个"唯一"。第一，他可能是全国唯一一位认为教研应服务于一线教师的专家。他是亲民的，是可学的，是扎根在泥土当中的。他的研究是最贴近一线教学的，他所坚守的朴实扎实的教风是当下奇缺的。第二，他可能是全国唯一一位敢用自己的话建构教研体系的专家，他几乎从不引用别人的理论。他说自己的话，创造自己的理论，干净而精辟。老师们不会觉得高攀不上或读不懂，也不会觉得缺乏提炼。余老师在"度"的问题上把握得极好，所以几乎没有一个专家能像他那样受到一线教师的热烈欢迎。我觉得，余老师是真正具有平民情怀的专家。他的书，入门者一定要读，进入二次发展阶段的中年教师也最好读一读。现在的语文研究越来越玄乎、越来越花哨，"掉书袋"的越来越多，"考据派"越来越多，脱离教学实际的越来越多，想当然的也越来越多。余老师的理论能让我们安静下来，踏踏实实地去做语文教研园地的农人。

然后，我会翻翻张德芬的《遇见未知的自己》或《重遇未知的自己》。她的书很浅，不需要动脑筋就能读懂。读这样的书能够提醒自己，去爱生命中的不完美，去爱生命中的一切。我每天只读一小段，给自己的心灵注入一点力量。

读完这几本书我就开始备课了，备到六点钟，再出门跑步。几乎天天都能看到日出，对此我很自豪，我绝对是王开岭笔下的那种精神明亮的人。在老家时，我天天熬夜，熬了十几年，日日看的是星星。现在不熬了，每天看朝阳的感觉确实比看星星更妙。跑完步，我再回家为全家人准备早餐，这一年来，我几乎都没有在学校食堂吃饭，自己做更可口。

课间如果有时间，我会翻翻《创新作文》等杂志。我现在觉得，语文老师至少应该订阅一种学生作文杂志，而且是附带素材的那种。你必须跟上潮流，知道孩子的表达习惯和惯用的语言符号。我们虽然教着孩子，但和孩子的距离却越来越远。他们读什么书，我们不知道；

他们在非正式场合用什么腔调说话，说些什么，流行语是什么，我们更不知道。而这些，往往都是点燃课堂的火种。做教师，这一课是必须要补的。谁离孩子更近，谁的课堂就更有吸引力。若非在文化上和孩子打成一片，老师再怎么教，都有点儿自说自话的意味。

紧接着就是课堂上的师生共读。这学期我很决绝，拿出了一半的时间和孩子们共读，坚决不准自己讲课，保证读书时间并落实读书内容。我的"让步"让孩子们受益匪浅。他们说长这么大，从来没有像这学期这样，读到这么多好书，太过瘾了。我自己读得也很过瘾。再好的讲课也许都比不上孩子自己安安静静地读完一整本书，这件事我们做得太少了，做得太迟了。孩子们的时间被老师的强势灌输占据着，被雪片般的试卷填满了。这学期，我们读施耐庵，读龙应台，读周国平，读席慕蓉，读歌德，读王开岭，读《创新作文》……全班共读了十余本好书。我想，不管是哪一类学生，都会有扎扎实实的收获。这些收获不一定能通过考试检测出来，但是它们对孩子心灵的影响，将会是长远的。

利用其他的零星时间，我还读了以下几本书。

蒋勋的《蒋勋说红楼梦》最令我爱不释手。这几年来，我最痴迷的学者就是蒋勋，几乎读完了我能够搜集到的他的所有书。《孤独六讲》更是反复读，读了还想读。他的文字像聊天，像布道。他传播着对美的感动，不艰深、不晦涩，绝不引用，用最雅致和最平常的话表达最透彻的生命领悟。我觉得，读他的《蒋勋说红楼梦》和《蒋勋说唐诗》，就是对语文老师的文本解读培训，并且任何人都能够越读越自信。现在，如果每天睡前不读一读蒋勋老师的书，我就觉得睡不安稳。

我读袁腾飞的《历史是个什么玩意儿》是心血来潮。好老师真的是太重要了，我以前对历史算不得兴趣浓厚。学校举办文化节时曾邀请袁腾飞来开讲座，只听一次，我就成了这位同龄人的粉丝，并且对历史产生了兴趣。我立刻购买了一整套《历史是个什么玩意儿》，然后重新翻出柏杨的《中国人史纲》，对比着看，看得废寝忘食。后来，我又买了好几套，送给几个要好的朋友，厚着脸皮向他们推荐这位"史上最牛的历史老师"。

朋友推荐的端木赐香的《叩问传统——中国传统文化讲演录》，同样令人不忍释卷。朋友从老远的地方寄来，我一读就放不下了，熬夜也要读完，可见作者多么可爱。

这几年来，我对语文期刊的阅读兴趣减弱了，给这些期刊投稿的激情甚至也减少了。但这类期刊还是应该翻一翻的，我们必须了解本学科最前沿的研究内容。我坚持看的期刊包括《复印报刊资料：初中语文教与学》《语文教学通讯》《中学语文教学》《中学语文教学参考》《语文学习》，等等。对于这类文本，我更喜欢利用周末或假期集中地翻看，把最精华的内容撕下来单独保存。期刊中的好东西很多，但时间有限，我无法细读。如今，它们对我的诱惑力，比不上历史、哲学一类的书了，也不知道是进步还是退步。

学校开会的时候，我会去阅览室翻翻《名作欣赏》。曾经，我很痴迷这个杂志，现在却不太喜欢了。这个杂志太喜欢"掉书袋"，热衷于索隐与考证式的研究。中学语文教学毕竟是面向中学生的，站在中学生的角度解读文本，应该和面向成人有所区分。我实在不喜欢那种动辄就把十八辈祖宗和三十六家亲戚都牵扯出来的文本研究，那样的研究也许更适合大学生。中学的文本解读绝不是越深越好，更不是越宽越好。

当然，这可能也是我自己学术根基较浅，尚未形成学术研究的习惯造成的偏见。

现在令我苦恼的是，虽然书柜里塞满了好书，床上堆满了好书，就连学校走廊上也是一排排的书柜，但我却没有足够的时间去读。这甜蜜的忧伤，也许是现代人永恒的忧伤吧。

第五部分

关于专业成长中的

常见困惑

在好工作和热爱的工作之间该如何选择?

问：王老师，我有机会去做管理工作，可是又担忧繁杂的事务让我没有时间静下心来研究教学。为此我很矛盾，您能提点儿建议吗?

我的思考：我相信人的多元智能。教学能力和管理能力不一定是对等的能力。你的能力属于哪种能力，你愿意成为什么样的人，这些问题一定要想清楚。人的时间和精力是非常有限的，只有精打细算的人，才可能把握时间，成就事业。我的观点很简单，一生做好一件事即可。

一生做好一件事

不少教师朋友曾直言自己是喜欢课堂的，但繁重的政教工作占据了他们的大部分时间，令他们疲惫不堪。对此，我深表理解。

我也曾短暂地做过管理工作，不久便迅速地逃离了。我发现，那不是适合我的工作。

做领导，哪怕只是个小小的中层领导，都意味着时间和精力的巨大投入。而且这种投入，多半不是为了工作本身，而是为了协调人际关系、化解各方矛盾。这实实在在需要一种特殊能力，而这种能力并非人人都具备。

受儒家文化影响，拜官和光宗耀祖似乎有天然联系。一个人若不谋个一官半职，似乎人生就很不成功。公务员的队伍之庞大、竞争之激烈已经成为世界奇观。做官，是许多中国人终生的奋斗理想。

但官不好当，轻则日日提心吊胆，重则丢官去职，性命不保。我多么庆幸自己只是个普通人。

我认为，要做一个真正的好官，需要大爱、大仁、大义、大智……总之，做好官比做普通人难得多。

而从事教育工作，是必须要有一颗好的心的。教育与做官即便不是完全对立，至少也是无法两全的。因此，在教育事业和仕途之间，我们只能选其一。

也有一些人，教育工作做得风生水起，做官似乎也做得不错。但恕我直言，那其实是表象，如果不做官，这些人在专业上应该可以走得更远。

在这个问题上，重庆名师龚春燕老师曾经表露过担忧：我们已经找不到可以讲课的特级教师了！许多领导对此也有怨言：我们评选和引进特级教师，是希望他们讲课的；我们不缺领导，缺的是专业人才。

没错，教而优则仕。在你远离讲台，着力于经营人际关系之后，你还有多少时间思考教学、磨炼教艺？人的精力总是有限的，更何况大部分人都是普通人，我们不能眼观六路、耳听八方，一生做好一件事已经很难。

我的朋友中不乏主动辞去副校长职务的老师，我很敬佩他们，不被世俗束缚，也是守住了人的尊严吧。

所以，做选择前一定要想清楚、想明白：你适合当官吗？你的能力足以应对复杂的官场吗？你内心深处到底喜欢什么样的生活？你到底渴望成为什么样的人？不要被流行的价值观所左右，不要人云亦云，不要行至暮年才发现那根本不是自己想要的生活。

古人说，少年功夫老始成。一辈子做好一件事已经不易，时间的"好钢"要用在"刀刃上"。生命前行的方向，应当是最初渴望的那个方向，不要走着走着就忘记了自己当初为什么出发。

但任何职务都得有人去做，管理岗也是一个磨砺自我的好平台。只不过在选择之前，一定要考虑清楚该工作是否适合自己，要算清楚投入与产出是否符合预期。自由无价、真诚无价、信仰无价，而功名利禄有价。有些东西，千金也不能换，更何况一顶官帽？

我们应该勇敢一点，过自己想过的生活。任何一个活出自我、成就自我的人，都拥有赫赫功勋。

让我们为自己的生命做主，为自己的生活命名。成就你自己，在任何一个舞台都可以！

畏惧赛课怎么办？

问：王老师，我想去参加赛课，但又担心失败，担心无法承受赛课过程中的压力，我该如何办？

我的思考：人生需要一场大赛！无论成功与否，都应该珍惜赛课的机会。年轻时若无登顶体验，中年后何来淡定从容？所以去吧，不要犹豫！

人生需要一场大赛

"比赛"，这是多么迷人又多么有温度的一个词语。

上学期，区里的教研员朋友几番劝说，希望我代表海淀区参加北京市的教师基本功大赛决赛。我想都没想便婉拒了。不是因为害怕，而是因为到了我这个年龄，还去参加这样的比赛，无论成功与否，都让我觉得有些滑稽。比赛的舞台是属于年轻人的，这样珍贵的机会也是属于年轻人的。我不仅没有了赛课的兴趣，而且觉得我若参赛就是在挡年轻人的路。要知道，这样的机会对一线的青年教师来说是多么重要啊！

教师的专业成长不容易，赛课是一条重要的捷径。年轻教师若能抓住这样的机会，往往能够获得专业上的飞速提升，甚至成为佼佼者。

以我的故事为例，我也许是中学语文教师中参加赛课活动最早、最多的一类老师。那年我22岁，在参加工作满两年之际，就代表綦江县参加了全市优质课大赛的片区赛。

那是一个非常偶然的机会。綦江县的教研员李健老师是一位忠厚慈祥的长者，在听了我两次课后，便当场敲定，让我去参加那次比赛。

当时的我傻乎乎的，上过一次国家级的公开课，听到领导出于礼节的一句表扬，便有些"膨胀"了，自我感觉能上公开课了，一有机会就请人来听课。李健老师自然是应了我邀请的师长之一。那时候，我天真烂漫，"童言"无忌，大概也有动人之处。李老师的一句话就改变了我的命运。

我后来才知道，在我参加比赛之前，綦江县从来没有在市级赛课中获过奖。李老师淡定得很，权且让一个小丫头老师去过过瘾罢了。

我在片区赛的授课篇目是诗歌《天上的街市》。备课的具体情景我已经不记得了，可以肯定的是，当时没有集体备课和磨课的说法。我一个人躲在綦河边的宿舍中，心急火燎，几天下来也没有进展。正在走投无路的时候，我突然翻到一本班上用来办板报的儿歌集，灵光乍现。那个年代教《天上的街市》，必讲联想与想象，这本书中的许多儿歌都是联想与想象的绝佳材料，活泼生动，别出新意。我的思路一下子被打开了。

赛前试讲，我在全年级 6 个班都讲了一遍，没有人听课。那个年代的老师对赛课好像还没有什么概念，学校也不重视。

片区赛在当时的巴县举办。有一个细节让我记忆犹新，陪我去比赛的中年女教师姓唐，她上下打量了我一番，建议我不要梳辫子，改成披肩发。第一次出县城比赛，我穿的是自己最好的一套裙子——我结婚时买的浅紫色百褶裙，还编了两个小辫。但这个造型被唐老师否定了，她说"像村姑"。我脸红了，事实上我当时就是村姑嘛。但我还是乖乖听从了长辈的建议，像城市姑娘一样，把头发弄成了披肩发。

课上得很顺利。课后，一位老先生笑着评价："这丫头好有灵气，就是普通话太差，板书也差。"我羞得满脸通红。

最终结果是，在参赛的六个区县中，我是第一名，拿到了参加全市总决赛的唯一一张入场券。

我当然高兴，但多年以后我才洞悉那次胜利的意义——如果失败，也许我就永远和赛课绝缘了，也就没有今天的我了。

全市的总决赛在一年后进行，指定教学篇目是《驿路梨花》。

对这篇课文，我备得比较容易。直到现在，我还为自己年轻时的聪慧赞叹不已，也许我骨子里就有创新的因子。那样的教学创意，那样的主问题设置，那样的板书设计，就是拿到二十年后的今天来看，也还是非常前卫的。但当初，我完全是凭着对语文的自觉展开教学的，脑子里毫无流行的教学法的条条框框。我从来不是一个随大流的人，直到今天也依旧秉持着"课不惊人死不休"的信念。我不是活在既定程序中的那种人，从来不是。

那次上课为我打响了名头。我刚走下讲台，便被一个陌生的老师神秘兮兮地请到会场的角落。原来他是巴蜀中学当时的教务处主任（后来成为巴蜀中学校长），他开门见山，邀请我加盟巴蜀中学。

那是我第一次见识巴蜀中学的揽才气概，后来它凭借这种气概在重庆市迅速崛起，成为足以匹敌一中、三中和八中的一流名校。但当时，我着实被吓着了，完全没有思想准备。一个乡下黄毛丫头，能够在县城工作已是最高理想，还敢奢望去市区执教？那简直是遥不可及的地方。我摇头拒绝了我平生遇到的第一个"猎头"。

三天后赛课结束，宣布结果，我名列第一。

一个白头发的评委老奶奶搂着我问道："多大呀，小姑娘？"我说："23岁。"评委老师都惊叹不已。

我简直是在狂喜中回到綦江的，并且第一时间跑到办公室去公布这个好消息，居然没有人相信。我反复强调我确实是第一名，他们才勉强相信，整个办公室的人都觉得不可思议。

那天晚上我请客，在校外的小饭店里请朋友们吃饭，大大庆祝了一番。

第二天，学校贴出一张很大很大的大红喜报。很长一段时间里，路过行政楼时，我都会偷偷看一眼那张喜报，心里甜蜜蜜的。

那次胜利让我获得了另外一个重要的机会，就是参加"四省五方"的赛课选拔。赛课地点定在重庆六中（现在的求精中学）。这是我毕业之后第一次来到市区，而且是繁华的上清寺一带，很像陈奂生进城，看什么都新奇。当时我上的是《回延安》，但上得不成功，没有被选上。不过我一点儿也不沮丧，因为我根本没有想过会被选上。那次重庆之行，我见到了重庆市所有的语文前辈和语文新锐，算是见了大世面。另外，我还在上清寺买了一条非常漂亮的裙子，现在还在老家的柜子里放着，还能穿，还很漂亮。

赛课的第一名对年轻教师来说是一种资本。三年后，我渐渐长大，终于有了走出去的愿望。靠着这个第一名，我顺利获得了重庆多所名校的应聘试讲资格，并选择了当时最红火的重庆外国语学校（川外附中）。在外国语学校，我试讲的篇目是鲁迅的《呐喊》，备课时间只有四十分钟。我刚参加工作那几年教的是高中，对教材很熟悉，因此极顺利。课讲完，全班同学鼓掌欢迎，亦如若干年后到人大附中试讲。重庆外国语学校成为我人生路上最重要的一个驿站。

基于某些原因，我在重庆很多年都没有办法正式办理调动，只能享有代课教师的待遇，日子过得很窝囊、很艰苦。可是在赛课上，我却无往而不胜。

从 1997 年开始，我便成为外国语学校的赛课专业户。我先是参加重庆首届说课大赛，讲《落棋有声》，获得直属中学片区赛第一名，随后再获全市总决赛第一名。接着，我又接连参加全国课堂教学大赛校级选拔赛、片区赛，一路过关斩将，终于拿到了全国赛课的唯一一张入场券，成为当年全国赛课年龄最小的选手。那段时间是我赛课的高潮，创意无限，所向披靡。

1998年，我赴天津参加全国赛课，原以为胜券在握，结果折戟而归。

那次经历在当年看来，是我生命中的大劫；而今再次审视，实在是我生命中的大幸，是我专业成长中最庄严、最及时的一次"成人"仪式。

没有那次失败，我的赛课生涯将以全胜告结。然而，从长远的生命成长来看，这样的成功是多么可怕。

生活还在继续，比赛也要继续。我才26岁，正是参赛的好年龄。各种各样的比赛接踵而来：全市演讲比赛，全市优质课大赛，全市朗诵比赛，全市优秀教师专业成长展示大赛，全国作文教学大赛……次次都要从学校直赛到总决赛，紧张刺激，扣人心弦。

值得一提的是全市班主任基本功大赛。这是一个综合赛，要比拼四项技能，即德育论文写作、班会设计、评语即兴创作、即兴演讲。其中，最具挑战性的是评语即兴创作和即兴演讲。

评语即兴创作在电脑上进行（当时电脑才开始普及），随机抽取不同的学生表现，现场撰写评语。

即兴演讲在南开中学举行。抽签决定题目，准备时间为15分钟，演讲限时5分钟，不得超时。

最终，我获得了德育论文写作、评语即兴创作和即兴演讲的一等奖，以及班会设计的二等奖，总成绩位列全市第三。这个比赛，比全国语文赛课更值得回味。

总之，30 岁以前，我好像是为了比赛而生，在赛课的"枪林弹雨"中拼搏突击，渐渐练得不坏金身。

无论比赛成败与否，我都深深感恩。我想，没有这些比赛，就没有现在的我。我的意思不是指它们能为我今后评职称铺路，而是说，它们成就了我的灵魂世界。

比赛，是更高级别的公开课，是对教师智慧的巨大挑战，是对教师身心的严酷磨砺。比赛时，你会不自觉地调动起全部的内在力量去应对，你变得前所未有的冷静且积极。一次又一次地比赛，就是一次又一次地经历血与火的洗礼。那些激情燃烧的岁月，会成为你未来取之不尽、用之不竭的精神源泉。

那种喷薄的激情也许只属于青春期。你渐渐就会明白，无论是课堂掌控能力还是论文写作能力，都未必会随着年龄的增长而增长，反而有可能退步。年轻时的那种课堂状态，或许以后你都不再拥有；年轻时创作的文章，或许此后你再也写不出。

一个年龄有一个年龄的心境，青春，永不再来。

饱经赛课磨炼的老师，其教育教学能力一定会大幅提升。后来我参加各个学校的招聘考试，基本都能从容应对，这与我的赛课经历肯定是不无关系的。

我的幸运之处在于，我参加赛课活动的时机较早且次数较多。人的成长是一个长期的过程，不可能一蹴而就。接连不断的挫折与纠纷都需要漫长的时间去消化、升华。起步早，你回旋的余地就大，这是简单的道理。

赛课的成功能为你的发展提速，但它只是你专业发展的充分条件，而不是必要条件。有些老师一辈子就吃老本，凭借国家级或市级赛课的获奖作品，一路包揽其他荣誉，毫无创新。赛课成果变成了原始资本。这样的老师，不管他的荣誉有多高，他也不可能走得更远，能达到的高度也是很有限的。倒是有许多没有参加过全国赛课的老师，在教学科研上闯出了新路，更具有发展后劲。这样的例子数不胜数。

当然，如果赛课和教学科研能齐头并进，你就拥有了飞翔的翅膀，既能讲课又能写文章。如果还能做班主任，兼顾管理事务，这样的老师是了不起的，他们获得的职业幸福感也是可持续的。

总而言之，人在年轻的时候需要一场大赛，如果有机会，切莫错过。不管成功与失败，这样的比赛对未来而言都是积累，都是财富！

遭遇不公怎么办?

问:我们学校的赛课不公平,职称评比也有许多潜规则,部分优秀的老师就是出不来。为此我非常沮丧,觉得前途无光。王老师,我该如何办?

我的思考:这个世界本来就不是完全公平的,我们不能祈愿完全公平的事情出现。如果受挫,那就再强大自己。山不过来,我就过去。真正的热爱乃是:我看清了这个世界,但是我依旧热爱它!

遭遇不公怎么办?

远方的娟妹妹发邮件给我,痛诉了他们学校在赛课和骨干教师评比中的"不公平"和"黑幕"。她很痛苦,很愤怒,很彷徨,很茫然。

我非常理解那种愤怒,那是一个有所追求的老师的愤怒。不愤怒、不痛苦,才是不正常的。

教师这个职业,除了在学生的点点滴滴的进步中去感受幸福,还需要像其他职业一样得到来自上级的、对于我们的专业技能的认可。这样的需求,是人主动适应社会的表现,是崇高的、可敬的。

但教师又不像其他职业一样具备明确的专业评判标准,例如商人可以用销售额衡量业绩,工人可以用产品数量衡量业绩,等等。而教师的工作对象是人,人的成长是一个抽象的、长期的过程。因此,我们的工作业绩无法在短时间内得到评判,只能等待未来检验,等待学生用一生来检验。现在流行的以分数排名、以学生"打分"来评判教师优劣的做法,是有天然缺陷的。

但是,我们的管理部门等不起,我们自己也等不起,我们还是渴望自己的专业技能尽早得到认可。因而,我们需要一些渠道或机会。

教师晋升的机会较少,渠道也较窄,参加赛课和发表大量文章是两个相对便捷的方法。但发表大量文章很难,因此参加赛课成为我们证明自己的最简捷的方式。这几乎是年轻教师脱颖而出的唯一通道,如果连这条道路都被堵死了，被破坏了，那么我们的专业成长真的就没有什么盼头了。

所以，我理解娟妹妹的痛苦。何况，我曾经也这样痛苦过，挣扎过，怀疑过，浮沉过，失落过，自暴自弃过。对于娟妹妹的每一分痛苦，我都感同身受。

1998年，我登上了全国课堂教学大赛的讲台。

那几年，通过一层又一层的比赛和选拔，我终于从一名乡村女教师成为"城里的教师"，并且是重庆成为直辖市之后第一个代表重庆市参赛的教师。当时的我不到26岁，几乎是30多位参赛选手中最小的一个。

生活就这样笑盈盈地把一个人送上云端，然后又不动声色地给你当头一棒。

比赛是三天，我抽到了第一天上场。无论是我自己的感觉，还是其他老师的评价，都预示着那堂课是成功的。而中学语文教学专业委员会的领导对我的高度评价，更增强了这一信念——我肯定是一等奖了。

接下来的几天我都处于极度兴奋中，那简直就是我25岁生命中的最高潮了。我，以及陪我一起来赛课的重庆代表团的老师们，都沉浸在幸福之中。不管我们走到什么地方，都有人赞美："快看快看，那就是那个很会上课的小女孩儿，太棒了！"

我快乐无比，被各种表扬送上云端，甚至做梦梦到了颁奖时的盛大场面和荣归后的各种奖励。

25岁啊，那个时候太年轻、太幼稚了。

终于等到了最后一天的颁奖仪式。我们代表团的每个人都打扮得很庄重、很漂亮，等着迎接荣耀的一刻——在镁光灯的照耀下成为万众瞩目的焦点。大家丝毫不怀疑我会拿到一等奖，但结果恰恰相反。

一等奖的名单已经读完，仍然没有我的名字。我目瞪口呆，脑子里一片空白。许多老师起身抗议道："怎么回事？王君老师怎么不是一等奖？"我登时大梦初醒，原来我真的没有拿到一等奖。

我顿时泪如泉涌，浑身冰凉，心如刀绞。几千席位的大礼堂座无虚席、一片喧嚣，却瞬间成了我的地狱。

重庆代表团的其他几位老师也懵怔了。拒绝领奖，这是我们团长当时做出的第一反应，但也无济于事。

接下来的时间就太难熬了，每一分每一秒对我来说都是酷刑。泪流满面的我被团长拖着拽着参加完所有仪式。所有人看我的眼神中都含有悲悯和怜惜，但我当时太年轻，还不懂得珍惜，只觉得在这样的眼神下，我像个失魂落魄的乞丐。

大会结束，人群渐渐散尽。我瘫坐在大礼堂的座位上，连走路的力量也没有了。回到宾馆，我倒在床上就号啕大哭，连续几个晚上在做噩梦。

我现在的描述已经很理性了，无法还原当时的痛苦面貌，或者说，我也不忍心再去回忆 25 岁时的那场噩梦。

那次赛课的失败确实为我后来的专业发展带来了一些麻烦。回到重庆后，很长一段时间我都羞于见人。没有人会听你的委屈和辩解，你只能一个人全部吞下去。失败就是失败！学校那么大，多的是人才，新的赛课明星很快产生了。那几年，学校评先进教师，市里评骨干教师，许多非常重要的、有福利性质的公开课全都跟我无关，全都属于全国赛课的胜利者。

我灰溜溜地做了几年边缘人，从前五年的"高速发展期"进入"低谷期"。这种状况持续了五六年，我好像又重新找到了感觉。凭借班主任工作的杰出表现和论文写作的丰硕成果，我重新成为学校的"专业明星"。之后，我又接连参加了班主任基本功大赛和全市课堂教学大赛等，均拿到一等奖。

在经历了赛课惨败近十年之际，我终于成为了特级教师，当时的我还不到 35 岁。那次评特级教师，学校采取公开述职、当场投票、当场唱票的规则推举教师。我抓住了这千载难逢的好机会，凭着自己的业绩，当年我算得上是众望所归。

现在，我人到中年了，重新回顾十几年前的那次全国赛课，已经能够非常平和地进行反省和总结。我的感受主要是以下几点。

首先，遭遇不公的时候我们有资格愤怒，如果有可能，还要尽力去改变结果。现在，我也有一些机会在课堂教学大赛中出任评委了。受曾经的创伤的驱策，我努力地维护赛课的纯粹性，让优秀的年轻人都有出头的机会，也算是对自己的一种救赎。

但是我们也要意识到，评课实在是太难了。人与人的价值观不同，审美标准不同，对课的评点、对一个老师的评定，可能会大相径庭。这有点儿像我们评作文，同样的一篇作文，在不同老师的手里得分天差地别。这种"悲剧"时有发生，却不都是"黑幕"。所以，我后来彻底"原谅"了那次赛课的评委老师，决定选择相信是审美标准的不同造成了我的败北。

选择相信，会让自己放下，让自己活得轻松。我看清了这个世界，但是我依旧爱它，这是我现在的世界观。

我还想提到一个人，就是李镇西老师，他是我的"难友"。

1998年，我们曾经一起同台赛课。那次，他旁征博引、激情讲授了一篇议论文，震撼赛场，也是一等奖呼声最高的选手之一。可大概是因为教学理念相冲突，他也没有评上一等奖。回到重庆后，情绪十分低落的我给他打了一个电话，想发泄心中的不满，得到一些安慰。然而，电话那头的李老师却平静地说："王君啊，那些得奖的老师都是应该得到一等奖的，他们当之无愧……"非常真诚平实的语调，没有任何造作。电话这头的我一下就愣住了。李老师的坦然和大气令我很惭愧，正如鲁迅所言，我突然感觉到自己"皮袍下面藏着的'小'来"。

往事渐行渐远，我对教学的理解和追求逐步深化，已经能够客观地分析当初那堂课的失误和不足了。到今天，失败的痛楚早已被生活调制成一杯定神的咖啡，在语文的天地里，我终于能自得其乐。青春的心态就在于能够深刻地认识自己，包括无情地否定自己，并坚信自己的价值，坚信追求的价值。不要过于在意外在的任何评价，哪怕它是权威的。

因为，深刻的热爱和执着的追求无关乎任何奖牌。

前面说的是要"接受"，接受这世界的不完美和自己的失败。接受之后，我们能做什么呢？我们如何才能从失败的阴影中彻底走出来？很简单，持之以恒地埋头做事就可以了。那句老话很有用，是金子总会发光 —— 只要你是金子。

我们没有必要盯着一时的成败。一年、两年、五年，都是很短的时间；暂时的沉潜、暂时的低调，都是最好的修炼。如果非要把职业发展当作一种竞争，那这种竞争一定不是百米冲刺，而是需要耐力的长跑。事实上，我的一些朋友 —— 专业发展非常好的教师，很多都没有参加过什么课堂教学大赛，甚至没有得到过权威认可和行政奖励，但他们依旧熠熠生辉。他们各有所长，有的持续参与语文公益活动，有的大量发表文章、出版著作，有的是班主任工作的高手……语文教师的出路是比较窄，但我们还是有很多修炼的机会。只要能够坚持，就一定会发现自己的特长，然后挖掘自己、发展自己、壮大自己。

在各级赛课中持续获奖，是可望而不可求的，是极少数幸运者的专利。但这些幸运者如果不持续努力，不管当初多么显耀，最终也还是会黯淡。李镇西老师有一次跟我开玩笑，说当年赛课产生了十几个一等奖，结果十多年过去了，那些一等奖获得者都没什么动静了，倒是我们这两个二等奖获得者还活跃着。

我听得哈哈大笑，确实是这样。时间是最佳的证明，一时的误解与挫折又算得了什么呢？

这些年我行走江湖，结识了太多太多的民间高手，他们无不满腹经纶、技艺出众，可以说，他们个个都比我强十倍、百倍。但是他们不曾拥有我这样的机遇，能够从乡村走向全国。他们中的很多人，仍然在偏僻的乡镇里做一个名不见经传的中学老师。但是，他们活得很知足，内心很圆满。与他们接触，我总能意识到自己的不知足。我曾经受的那点儿委屈算什么呢？现在受的这点儿委屈又算什么呢？

回首往昔，我的心中充满了感恩。是的，感谢生活，在我刚刚和成功打照面的时候就给我上了如此严肃的一课；感谢语文，让我在每一次沉迷和困顿之后都能重新找到生活的目标，执着地向前走。

后来李镇西老师为我的《教育与幸福生活》一书作序，他这样写道：

"1998年，我曾和王君老师一起参加全国性的语文课堂大赛，我们都未能获得一等奖。当时年轻的王老师有点沉不住气，我告诉她：'来日方长，不要把我们一生的荣辱甚至成败都寄托于某一堂课。让未来的日子证明我们自己！'（不是原话，大意如此）八年过去了，我和王君老师都用行动证明了自己。我为自己而骄傲，王老师也应该为自己而自豪。

"所谓'骄傲'和'自豪'的唯一理由和依据在于，我们都没有因那次小小的失利而一蹶不振，因为我们都发自内心热爱着自己选择的职业，并愿意将这份职业变成一项不朽的事业。这里所说'不朽的事业'决不是指我们要多么'显赫'，之所以'不朽'，恰恰在于我们都愿意把自己的生命自然而然地融汇进每一天的课堂、注入每一个孩子。生命不息，我们的事业自然也就不朽。反之亦然。"

我无比赞同李镇西老师的这些话，也相信会有更多的老师能读懂我的心。如果赛课这条路走不通，那么我们就走其他的路，比如核心期刊《语文教学通讯》的编委会举办的"语通杯"全国中语"教改新星"评选活动，《中学语文教学参考》的编委会举办的"语参杯"全国百佳语文教师评选大赛，等等。这些评比都是非官方的，但是影响力更大，辐射更广。当初，我们也是站在这些优秀期刊的"肩膀"上起步的。

只要我们愿意成长，就没有人能挡得住；只要你愿意拼搏，全世界都会为你让步。

发表文章真的不需要花钱吗？

问：王老师，您总是鼓励我们写文章、发表文章，但是我觉得太难了，我总是收到很多明码标价收取版面费的邮件。请问，发表文章真的不需要花钱吗？

我的思考：我敢负责任地说，如果你的文章足够好，那你一定能遇到一个赏识你的编辑。"好酒不怕巷子深"，好文章不怕地位卑。写作是一个长期历练的过程，从一开始的无人问津到后来的"洛阳纸贵"，我们要付出长久的努力。这个过程，本身就是修炼，本身就是奖励。

说说发表文章这事儿

在发表文章这件事上，我觉得自己还算有发言权。无论在国家级期刊上发表文章还是出版专著，我恐怕都是同龄人中产出数量最多的。我实话实说，我没有为发表文章花过钱，一分钱都没有花过。

30岁以前，我忙于参加各种各样的赛课。从语文教学到班主任工作，从说课到基本功，从乡镇到全国，各种比赛不计其数。我那时年轻，对各式比赛都有兴趣。我的素质和机遇都不错，几乎出手就是一等奖。30岁以前，我写文章很少。在某核心期刊上发表第一篇"豆腐块"文章时，我已经29岁了。30岁到35岁的那段时间，是我投稿的高潮。

生命是不可以复制的，人也不可能永远处于高潮。现在回忆起来，那真是一段激情岁月、疯狂岁月。在任何状态下我都能写，常常是文思泉涌、不可遏制。我可以一边炒菜，一边想我的论文；可以一边组织学生排练节目，一边利用活动空隙写论文。某期刊向我约的第一篇稿，上万字，关于个性化抒情的，就是这样写成的。我每天写一点，断断续续写了半个月，没有引用他人的任何理论和文字，一交稿就受到编辑的大力赞扬，这令我深受鼓舞。学校开运动会时，操场上闹得不得了，但我完全不受影响，在孩子群中照样写我的文章。运动会结束时，我完成两篇论文。在重庆装修房子的时候，我一边做监工，一边在阳台上写我的文章。室内装修热火朝天，各种噪声震耳欲聋，但我如入无人之境，根本不受干扰。

那些年，我投稿不是一篇一篇地投，而是一堆一堆地投。有位主编老师曾说，这个"王君"太可怕了，文章太多，看都看不完，"他"的文章要用一个文件夹单独装。

那些年，所有编辑都以为"王君"是男老师。

最初投稿时自然不会有人理你，发表也很艰难。但投得多了，就必然受关注，发表的概率也就大一些。有一段时间，山西、武汉的报纸上期期刊登我的文章。最多的一次，某期刊一年就刊登了我的八篇文章，甚至一期同时刊登两篇。后来我转战其他地区的各大期刊，几乎"弹无虚发"，不断投中。渐渐地，我的约稿也多起来，一些省级期刊也找上门来，请我写专栏稿。

我先前从未听说过中国人民大学《复印报刊资料》，后来才知道文章被该期刊选中并全文转载并不容易。而如今，我已经有二十余篇文章被该期刊全文转载了。有人收钱吗？从来没有过。

出书就更简单了，也没有人来要钱。

第一本书的出版源自我在网上看到的征稿启事，我把稿件传过去后的第二天就收到"采用"的答复。这一本虽不收钱，但也没有稿费。

第二本书的出版更是幸运。我请李镇西老师作序，早已申明"不再作序"的李老师不仅为我作了序，而且还主动邀请我参与他们正在策划的丛书出版。于是，我的第二本书就出版了，这次我还拿到了稿费。

第三本书的出版有些曲折，它是于漪老师领衔主编的"名师讲语文"丛书之一。这套丛书的规格非常高，入选的老师都是各省市的"语文大腕"。我太年轻，本不应该有奢望。但我转念一想，读者是看书，又不是看人，于是就把书稿发过去了，结果出乎意料，它居然通过了。稿费不菲。

第四本书是出版社主动约稿，当然有稿费。

出版第五本书，是朋友找的出版社，稿酬也正常支付。

我说的都是实话，没有人向我要钱。

写作是很辛苦的，你发表得再多，也只是你所有文字中很小的一部分。所以要无功利地写，要享受这份辛苦。如果仅仅是为了发表而写，你一定写不长。即使有稿费，也抵不了写作的孤独和辛苦。不享受这份辛苦的人，不把这份孤独当作福利的人，肯定坚持不下去。

人的创造力是有限的，每个人都要掐准时机，要珍惜自己的黄金创作时段。一旦过了那段时间，你的创造力和体力都会打折扣。比如现在的我，就找不到 35 岁时的感觉了。这两年，我的写作已经完全慢下来，发表的文章数量也大大减少了，连质量都不及过去。

像李镇西、莫言那样，几乎一辈子都在创作高潮的人，简直太少了。

坚持写吧，赚一份宁静，赚一份充实，或者赚一点儿稿费。当然最关键的，还是赚一个有所追求的人生。

人不是动物，不能无所事事而又感觉幸福。我们要思考、要劳作，思考本身就是奖励，过程本身就是奖励，辛劳本身就是奖励。

如果你想不通这个问题，我劝你别写，也别做发表文章的梦，最好干点儿别的去。

学生考得不好，老师该如何解压？

问：我们学校动辄就公开学生分数，动辄就排名，师生压力很大，教师之间的关系也变得很微妙。分数像一座大山一样压得我们喘不过气来。请您告诉我，如果学生考得不好，我应该如何办？

我的思考：教师命运的悲壮和神圣正在于此：我们两肩挑起"应试"的重担，双脚踩在"竞争"的崎岖山路上，双手却得在黑暗中摸索"人的自由发展"的坦途。在发展学生之前，我们自己必须要有一个健全的灵魂，这个灵魂在面对分数时一定要坦然淡定。记住，学生不是我们追求高分的工具，我们也不是学生升学的工具。

学生考得不好怎么办？

学生的成绩单就如同老师心情的晴雨表，面对学生的成绩，老师的情绪很难不波动。当学生考试失利时，老师应当如何调整自己的心态呢？我想，至少得记住三个"不要"。

第一，不要为难同事。

考试的结果一定是几家欢乐几家愁。学生若是没考好，老师必定是心焦火燎、如坐针毡，想着怎么面对家长的质疑投诉和领导的责问。学生若是考得不错，老师哪怕想故作镇定，也藏不住那满脸的喜气，看上去比洞房花烛夜或他乡遇故知还要神清气爽。我做了三十年教师，自己就是这么一路看过来、活过来的。我曾见到有些教师，他们毕生的奋斗目标，就是比隔壁的、对门的、背靠背的那位同事所带班级的平均分多0.1分或0.2分，否则他们就会失落、痛苦。

在这种心态下，教师与教师之间，特别是主科教师与主科教师之间，还怎么去做真正的朋友？有的教研组为了那点儿平均分搞得鸡飞狗跳，把"窝里斗"演绎得无比精彩，结果谁受益了呢？这样惨烈的恶性竞争，谁能占到便宜呢？

我懒得分析，但有一点可以确定，得便宜的肯定不是我们自己。

所以，我总是呼吁教师一定要团结起来，成为真正的朋友。我们要把心真正放下来，看到未来，看到明天，看到我们的价值真的不是分数或排名能够衡量的，不要把荣辱得失全寄托在班级平均分上。大家要一条心，视他人的班为自己的班，其他班考得不错，大家都祝福它，真诚地向它学习，相互提升，一起进步。除了分数，我们还要从更多的角度去发现身边同事的长处，彼此赞美、相互激励，那么恶性竞争带来的负面效应就会得到缓解。

当然，我更希望学校不要把分数排名当作控制教师的手段。激发教师能动性的方法千千万万，聪明的校长一定懂得，只有让每位老师都深切地体会到生而为人的尊严，这所学校才可能成为真正幸福的学校。

我很幸运，我的校长是这样的人。

我曾经在一个很好的教研组待过。组里的一个年轻老师一直很苦闷，因为他的班级的平均分比我们差几分，他为此承受了巨大的压力。我们很不忍，几个年龄稍长的老师悄悄一商量，决定给这位老师一点儿帮助。在一次考试中，我们都故意把自己班的平均分压了压，第一次让那年轻人夺了头魁。这下可好，那年轻人立马就开心了，干劲儿也上来了。大家这样一"忽悠"，整个教研组其乐融融。后来大家约定，谁的班级考第一，谁就请客。这个教研组，是我最喜欢、最难忘的一个教研组。

不为难同事，就是不为难自己。我们跟同事朝夕相处，甚至比跟家人相处的时间还要长，影响我们生命状态的往往就是身边的那几个人，如果我们足够聪明，就一定会先让同事感到幸福。多一个幸福的同事，办公室就多一分快乐、多一分和谐，我们自己也多一分开心，何乐而不为呢？

所以不为难同事，就是解放自己。

第二，不要为难学生。

学生考得不好，老师心中不满，嘴下无情，损起学生来毫不留情，不把自己的一腔愤怒与耻辱扔给学生绝不罢休。于是，教室里阴云密布，多少老师风度尽失。

处境最艰难的是那些拉低平均分、给班级"拖后腿"的学生。我曾经看到一个老师在办公室训学生，那场面真是惊心动魄。他先是来硬的，极尽讽刺挖苦之能事——逼那孩子大声地报出自己的分数。那都是什么分数啊，科科都是二三十分。孩子声音小了还不行，必须声嘶力竭地喊。那些"可怜"的数字撞击着我的耳膜，一声比一声地痛。随后他又来软的——动之以情、晓之以理，一把鼻涕一把泪地"感化"孩子，要他好好学习。那身材高大的孩子被这老师玩弄于股掌之间，先是傻乎乎地喊，然后频频点头，最后被迫和老师拉钩。我怎么看都觉得像在耍猴子，浑身不自在，连忙跑到外边去了。

我以前也因为考试成绩讥讽过孩子，这些年每每想起那些细节，都觉得自己是罪人。其实我自己读初中时，成绩也不是很好，到了高中就更差了。高一的时候，我的物理成绩是 18 分，数学也只有 50 多分。我真正开始用功学习,是从高四补习的那年开始的。人是多么可悲，一旦自己成为教师，就忘记了当年的耻辱岁月，为什么不能对现在的孩子多些理解呢？这是不是人最大的悲哀？

我们应该相信，没有孩子会故意考不好，也没有父母愿意让孩子考不好。好教师的意义在于，无论他处在什么境地，站在什么高度，都能理解孩子、体谅孩子。鼓励并帮助孩子应当成为好老师的生命本能。

要做幸福的教师，就必须跨越心理上的一道坎：孩子，绝不是我们追求高分的工具。孩子是人，是尚未长大的"成人"，尊重他们是教育的底线。

越是考得差的孩子，越应该得到尊重、保护和关怀。社会要保护弱势群体，学校也要保护弱势孩子。所谓"弱势孩子"，绝不仅仅是指那些出身农村家庭、读不起书的孩子，更多是指那些"读书暂无力"的孩子。

陶行知曾经说过：你的教鞭下有瓦特，你的冷眼里有牛顿，你的讥笑中有爱迪生。你别忙着把他们赶跑。你可要等到坐火轮，点电灯，学微积分，才认他们是你当年的小学生？

抱一抱那些考试分数只有个位数的孩子，给他们鼓励，让他们知道老师会帮助他们、等待他们，这比德兰修女抱住那些肮脏的穷苦人容易得多啊！

第三，不要为难自己。

大多数教师都有很强的责任心。学生考不好，我们很容易产生负罪感，觉得自己能力差，教不好学生，是个无能的教师。

这是对自己的不公正。学生成绩不理想，我们不应该自怨自艾，而应该冷静地反省和调整。

一般来说，只有班里的学生考得好，老师才算是称职的。但这一说法显然不对。如果你从初一开始就把孩子当成初三学生来对待，天天盯着那些考点反复操练，这样一番操作，或许能受到家长的欢迎，能令学生的成绩变"好看"，但这种行为折射出的教育价值观却是异化的——只要是为分数服务的，就是好的。这样的教师，他们牺牲的是孩子阅读的时间、思考的权利和享受语文的最佳时光。他们夺得了分数，却忽视了孩子的幸福。

我们评价自己，除了分数外，还有许多其他指标，比如学生对我们的感情，学生对语文课的喜爱程度，我们自己在教育过程中的投入程度、反思力度和创造高度，我们在学科上的可持续发展动力，等等。综合起来，我们可以给自己打个分，然后确定努力的方向。

事实上，许多有追求、有魄力的老师都能够摆脱分数的桎梏。一些具有教改意义的教育行为，是需要暂时忽略分数的。如果什么都不敢牺牲、不敢丢弃，只抱着课本、考卷为生，就算取得了像样的分数，那又有多大的意义呢？

我理想中的考试乃是这样的：不要公布明确的考试范围，防止考试成为教师对考点围追堵截的无聊战争。好的考试应该是一种考积累、考能力的常态化测试，是能够让教师从容地带领学生多读书、多思考、多写作的考试。若能如此，语文教学就会获得面向未来的勇气。

在当前的考试形式下，面对学生成绩不理想的现状，我不停地拷问自己：我的课堂高效吗？该落实的知识点是否都落实了？我的课是不是还有些浮躁？我布置的作业是不是对所有学生都有益？我对弱势学生的关注是不是持之以恒的？我的语文整体规划是否合理？

最简单的办法还是求助于学生，多听听他们的想法，让他们来一起出点子。

我们带了一拨又一拨的学生，每一拨学生都很不一样，对前一拨学生适用的方法，未必对这一拨学生有用。就如我，用以前教重庆学生的法子，基本上教不好北京的学生。所以，我们得改变、调整，改变和调整的过程就是教学科研的过程，就是提升自己的过程。

所以，教师走向成熟和理性的标志就是，当学生考得不好时，我们不沮丧、不埋怨，反而会觉得很兴奋。因为问题出现了，改革的契机也就出现了，挑战也就出现了。没有挑战的人生有什么意思呢？

我们要感谢那些没考好的孩子，感谢那些难管理的班级，他们让我们的阅历更丰富、思维更活跃，让我们获得了更大的提升空间。

说了这么多，有些老师可能会嘲笑我，随他们去吧。反正我知道，我的价值是无法用分数衡量的，我会慎重对待孩子的分数，努力帮助孩子获得更好的分数。但是，如果我尽力了，那分数还是不太好看，我也不会为之抑郁或自责，我会依旧过好自己的生活。

要我把身家性命都抵给那分数，为它哭、为它笑、为它痴狂、受它摆布，打死我也不干！

只要具备了"四个关键"就一定能成功吗？

问：王老师，只要具备了您所说的"激情、思想、恒心、改变"就一定能成功吗？希望您谈谈自己的看法。

我的思考：让我们重新思考"成功"的意义。我觉得成功就是，活到某个年龄，你的内心是宁静的、圆满的，你成为理想中的自己。你回顾曾经走过的路，能够看到一个又一个清晰坚实的脚印，而没有太多的犹豫和怀疑。你基本没有迷失，你对未来的自己还有清晰的规划。

走一步，再走一步

我的桌上堆了一堆小纸条，像小山。这些都是老师们的提问，非常多，但时间有限，我能够现场回答的，只是其中很少的一部分。我愿意直面这些问题，哪怕我的回答也不完美；我愿意把我的真实想法和老师们分享，让年轻的兄弟姐妹们从我走过的路中提炼出一点点生命的智慧。

一位老师问我，是不是只要具备了我所说的"激情、思想、恒心、改变"就一定能成功，我笑了，转而问他："你觉得成功是什么样子的呢？"现在的我，用世俗的评判标准来衡量，也不一定是成功的。人到中年了，我还是一个普通的一线教师，没有"教而优则仕"。我的物质享受更是有限，住着小房子，还欠着银行的贷款，没有存款，没有车，是北京这个一线城市里实实在在的"底层老百姓"。

但我很满足，因为活了半辈子，我成为自己希望成为的那种人了，而不是自己警惕乃至厌恶的那种人。

我觉得成功就是，活到某个年龄，你的内心是宁静的、圆满的，你成为理想中的自己。你回顾曾经走过的路，能够看到一个又一个清晰坚实的脚印，而没有太多的犹豫和怀疑。你基本没有迷失，你对未来的自己还有清晰的规划。

这就是我所说的"幸福"和"成功"。

"人生实苦"，这恐怕是关于生命的最浅显直白的一句实话。对于这个世界上的大多数人而言，艰难与沉重是日常生活的底色，是人类命定的礼物，既不可推卸又无法抵挡。所以，所谓"幸福"，绝不是卸掉身上的包袱。任何幸福和成功，都不过是对最初的生命梦想的一种守护。守得住，你就成功了；守不住，你恐怕很难有幸福感。年龄越大，你越会忍不住回望当初启程的地方，寻找曾经朦胧而细弱的梦想萌芽。它们是越来越茁壮，还是越来越瘦瘠，这几乎可以成为你判断自己是否成功的重要标准。

　　人生的走向被命运的大手操控着，我们身在其中有太多的不得已和无能为力。但生命的可爱之处就在于，我们能够于这"不得已"中坚持掌握自己生命的船舵。命运的无常虽不可逆，但"激情、思想、恒心、改变"却是可以自由选择的，有之不一定胜，无之则必败。

　　另一位老师又问我是否有过职业倦怠，是否经历过难以跨越的瓶颈期，我笑着回道："怎么可能没有！"而且，我也不相信有人不曾经历这些，只不过是程度不同，愿不愿意承认罢了。

　　是，我们期待的职业之路是这样的：走着走着花就开了，走着走着天就蓝了，走着走着春天就到来了。但事实上很多时候，我们会感到困惑和乏力，走着走着就累了，走着走着就彷徨了，走着走着就找不到方向了，走着走着就不想走了。

　　世界上最可怕的事，不是钱没有用完，人就没了，而是路还没有走多远，激情就没有了。所以，我们永远面临着两个问题，即我们为什么坚持，我们还能坚持多久。

　　余映潮老师曾经告诉我，要在无路可走的地方坚持开辟，要在披荆斩棘中坚持前进，即便痛苦也要找到自己的一条道路，这就是生存的智慧，这就是事业的智慧。我想，这或许也是成功者的共同感受。

我回顾走过的路，有职业快速发展期——1992年到1997年，我迅速取得了乡镇、县、市、省的课堂教学大赛第一名，用最短的时间从乡镇调到了城市；也有职业困顿期——1998年到2003年，由于1998年参加全国课堂教学大赛失利，加之其他优秀教师崛起，坐冷板凳便成为我的常态。事实上人生的路很长，顺风顺水的阶段是很少的，大多数时候都是跌跌撞撞一路前行。苏轼说，一蓑烟雨任平生。是的，如果没有这样的一种心态，就很难坚持下去。

靠什么坚持？我认为，还是要依靠语文和教育本身的乐趣。语文和教育本身就具有伟大的美。一位从事语文教育研究的教师，不仅是一个技术人员，而且是一个小孩儿，如同迷醉于神话故事一般，迷醉于教育之中。这种教育本身的魅力，就能使教师终身立于讲台。

有些年轻的朋友不信，那是因为你还没有深深地进入语文和教育。"世之奇伟、瑰怪、非常之观，常在于险远"，你都不愿意去攀登，风景自然不会从天而降。

突破瓶颈当然是艰难的，但是只要坚持，总是天无绝人之路的。因为参加全国赛课失败，所以我开始在班主任工作上寻求突破；因为年龄渐长，而公开课这个舞台永远是属于年轻人的，所以我开始在论文写作上用力；我起点低、底子薄，在理论修养上天然"营养不良"，那么我就以"灵动深刻"为教学风格，绕开学究式的教学追求；我个子娇小、形象可爱，别人怎么看都觉得你不够成熟大气，那么我就着力于初中的教学而不是高中的教学。

所谓"瓶颈"，不过就是进入桃花源之前的"初极狭，才通人"。

314

只要在黑暗中坚持摸索，发愤学习，就有突破和跨越的可能。即使不能突破，也要心安理得；人的发展还要受天生资质的限制，机遇也是不可或缺的条件，并非发愤就一定会成功的。以我为例，许多师长劝我往高校走，他们认为我具备到高校发展的条件。但我知道自己不仅没有进入高校的途径，而且学历低，外语差，理论思维也欠缺。我若是到了高校，说不定就像《台阶》中的父亲一样，即便实现跨越式发展也得不到精神上的愉悦。我爱中学的讲台，我愿意终生守在这里。

我们面前有许许多多的山，那都是供人们攀越的。个人资质不同，起点不同，能够到达的山顶也是不一样的。你的顶峰是珠穆朗玛峰，我的顶峰是峨眉山，他的顶峰是平顶山……关键不在于顶峰是哪座山，而在于我们是否一直在攀登。攀登的过程，本身就是一个不断提升生命高度的过程。生命的终点都是一样的，不一样的是路途中的风景。我们向前走，就一定会有风景；只要你在路上，就一定有盛宴。

我认为，所谓突破瓶颈，其本质意义在于突破生命的倦怠感，重新成长。无论是长成一棵树还是一株草，都是有价值的。

还有一些老师在职业调动上犯难，不知道是该去压力稍大的好学校，还是留在自由度高的原学校。我觉得，这个问题的关键在于，你希望自己成为什么样的人，你希望过什么样的生活。你喜欢小城市的悠闲，恐怕就很难适应北京或上海的快节奏；你喜欢三线城市的人情味，恐怕就不会喜欢一线城市的白热化竞争；你的目标如果是做校长，恐怕就不会甘于做名校的普通教师……但凡选择，必有得失，世界上没有十全十美的事。

如果我是你，我肯定选择调动。原因很简单，流动的才是生命。我想看到不一样的风景，所以我总是选择远行。身外之物皆为附属，百年之后能够带走什么？经历更多的事，遇见更多的人，体会不一样的灵魂之旅，是多么精彩，多么有趣。留在原地，缺乏精神层面的旅行和开拓，在我看来生命就变成了死水，实在是乏味得很。

乡村中学的老师也向我提问，寻求提升学生语文素养的方法。我非常理解他们，教"忧生"和教"优生"的生命状态是不一样的，成就感也迥异。但我们必须教下去，还要去创造幸福和追求进步。身在普通中学，其艰难程度是重点中学的老师不可想象的，所以我们需要更坚定、更智慧。语文教学是为大部分学生服务的，我想，至少应该坚持以下几点：

1. 不要盲目跟其他学校比，要以学生的点滴进步为幸福，要敢于以学生的一生为教育的期限。

2. 把针对大部分学生的教学当作自己的科研课题。

3. 下沉教育目标，细化教学手段。慢慢教，耐心地教。

4. 不要急功近利，要老老实实地引导初一、初二的学生阅读与写作，开展各种语文活动。绝对不能将阅读教学试题化、将作文教学模板化。

…………

具体的方法当然不是我这篇小文章能够说清楚的。但事实上，具体怎么教并不重要，初中、高中阶段的那点儿考试知识，实在是谈不上有多高深。高深的，永远是我们的教育情怀和教育价值观。有了这个东西，我们才能在面对具体的问题时守得住、看得准、做得稳。

我也走了许多弯路，面临许多困惑。让我们走一步，再走一步，一步一步地去寻找破解的秘籍吧。

图书在版编目（CIP）数据

凭什么教好语文：王君语文教学35讲 / 王君著. —长沙：湖南人民出版社，2023.11
ISBN 978-7-5561-3076-4

I. ①凭… Ⅱ. ①王… Ⅲ. ①语文课—教学研究—中小学 Ⅳ. ①G633.302

中国版本图书馆CIP数据核字（2022）第184173号

凭什么教好语文：王君语文教学35讲

PING SHENME JIAOHAO YUWEN: WANGJUN YUWEN JIAOXUE 35 JIANG

著　者：王　君
出版统筹：陈　实
监　制：傅钦伟
资源运营：湖南中教出版传媒有限公司
责任编辑：张玉洁
特邀编辑：杨　敏
产品经理：冯紫薇
责任校对：陈卫平
封面设计：Ⓚ青空·鬼哥 QQ:476454071

出版发行：湖南人民出版社［http://www.hnppp.com］
地　址：长沙市营盘东路3号　　邮　编：410005　　电　话：0731-82683357

印　刷：长沙新湘诚印刷有限公司
版　次：2023年11月第1版　　　　　印　次：2023年11月第1次印刷
开　本：880 mm×1230 mm　1/32　　印　张：10.125
字　数：160千字
书　号：ISBN 978-7-5561-3076-4
定　价：52.00元

营销电话：0731-82683348（如发现印装质量问题请与出版社调换）